The Daily Stoic Journal

366 DAYS OF
WRITING AND
REFLECTION ON THE
ART OF LIVING

每日斯多葛日报

关于生活艺术的 366 天写作和反思

［美］莱恩·霍利得 (Ryan Holiday)
史提芬·汉赛蒙 (Stephen Hanselman)

著

中国青年出版社
CHINA YOUTH PRESS

中青文传媒

图书在版编目（CIP）数据

每日斯多葛日报：关于生活艺术的366天写作和反思／（美）莱恩·霍利得（Ryan Holiday），（美）史提芬·汉赛蒙（Stephen Hanselman）著；戴晓晖，于秀秀，刘白玉译. —北京：中国青年出版社，2021.7

书名原文：The Daily Stoic Journal: 366 Days of Writing and Reflection on the Art of Living

ISBN 978-7-5153-6372-1

Ⅰ.①每… Ⅱ.①莱… ②史… ③戴… ④于… ⑤刘…

Ⅲ.①斯多葛派–哲学理论 Ⅳ.①B502.32

中国版本图书馆CIP数据核字（2021）第087449号

每日斯多葛日报：
关于生活艺术的366天写作和反思

作　　者：〔美〕莱恩·霍利得　史提芬·汉赛蒙
译　　者：戴晓晖　于秀秀　刘白玉
策划编辑：肖颖慧
责任编辑：于　宇
文字编辑：张祎琳
美术编辑：张　艳
出　　版：中国青年出版社
发　　行：北京中青文文化传媒有限公司
电　　话：010-65511270 / 65516873
公司网址：www.cyb.com.cn
购书网址：zqwts.tmall.com
印　　刷：河北华商印刷有限公司
版　　次：2021年7月第1版
印　　次：2021年7月第1次印刷
开　　本：880×1230　1 / 32
字　　数：40千字
印　　张：8.5
京权图字：01-2020-0438
书　　号：ISBN 978-7-5153-6372-1
定　　价：49.00元

本书属于

――――――――――――――――――

倘若相遇，就请尽力去做。

目　录

引　言

在日耳曼尼亚（Germania）的边远地区，流淌着格拉努亚河（Granua River），河边是马可·奥勒留的阵地营帐，天刚破晓，马可就起床了。起得这么早，对他来说是件难事，但他还是做到了；这是职责所在。灯火下，他坐在桌边，开始用希腊语写日志，写下与今天际遇相关的文字。"我会碰到多管闲事之人、忘恩负义之人、极端利己之人、谎话连篇之人、嫉妒小人，还有怪人"，这些是他写给自己看的，身为皇帝，必须为要面对的困难做好精神准备，尤其是作为身在异国统军打仗还要顾视着帝国的皇帝。

但不要视此为抱怨。他的语气中，没有任何懊丧或怨恨。马可·奥勒留此时正在愉快地践行他后来热爱并仰赖的哲学：斯多葛哲学。写下这些，不是在唾弃自己的臣僚和子民。相反，在完善斯多葛哲学思想的过程中，对于那些多管闲事和忘恩负义之人，他会说："没人伤害得了我，也没人能把我扯入丑恶之中，我也不能与亲近之人生气，或憎恶他们。因为我们为合作而生。"他接着写清晨日志，给自己写点儿提醒，诸如如何思考、如何生活、要感激什么，然后，不只以哲学家的身份，还以一位真正"哲学家皇帝"的身份，过完这一天。

时间再往前推一点，差不多在马可"清晨反省"前一个世纪的一天傍晚，另一位斯多葛学派哲学家，也在做着与之极其相似的事。他就是塞涅卡，塞涅卡不在清晨写日志，他喜欢在晚上写，用他自己的话说，夜晚是每天反思的时间。此时，他会回顾即将结束的一天，问自己：是否行为得当，哪些还能做得更好，该改掉什么坏习惯，怎样能够提高自己。关于每晚例行反思，他这样告诉兄长："我们思考将做之事，然而，为未来做的计划，来自过去。"

反思前一天，有助于塞涅卡应对第二天清晨要面对的事。爱比克泰德，也是著名的斯多葛学派哲学家，曾是一名奴隶，但他时常叮嘱学生要不断复习所学内容，并用笔记下所学内容，为己所用。在《谈话录》中，他说："每天、每夜，都把思想放在手头——书写、大声读、讲给自己听，也讲给别人听。"

这样一来，清晨准备和夜晚反思，成了践行斯多葛哲学最为核心、相互交织的两个部分，也是至今延续了两千多年的传统。此时此刻，这项传统传续到了你的手上，在追逐美好生活的过程中，你可以继续每日两次的反思。

与许多哲学流派不同，斯多葛哲学并不只为解释宇宙。它由古希腊人所创，又经古罗马人完善，目的是为了指引那些在令人困惑的世界中努力走完人生旅途的尘世男女，指引他们的生活和日常生活中的行为。照此，它不仅仅是一套教义，也不是多年前的陈词滥句。相反，它是一套永恒的践行修炼：是减少恐惧的体系，是抗争有害思想的思想，是对人们视为理所当然的事物的提醒，是抵御诱惑的工具，是艰难时刻的力量支柱。这意味着，斯多葛哲学并非学一次或读一次就可一蹴而就，人们要学习它，践行它。

马可·奥勒留只有一部作品，想想它的书名——《沉思录》。他是在沉思，独自沉思，为自己沉思，沉思他及至年老时依然在学习和践行的哲学准则。塞涅卡的书信中，也能窥视到相同的东西——信的确是写给别人的，没错，但目标读者无疑也包括自己。他在自言自语。除此，爱比克泰德也因他学生阿里安的笔记千古留名，那些笔记读来像是爱比克泰德在试图回答学生们没完没了的问题：这件事我该怎么做？那件事我该如何应对？当我……的时候，有什么建议？

在《每日斯多葛：366次对智慧、毅力和生活艺术的沉思》中，笔者努力为忙碌的读者收集这类智慧，编排形式易于理解。笔者认为，与其翻译和重新出版斯多葛哲学的原文，不如首创一本包含所有伟大的斯多葛哲学思想的辑录，每日突出一个思想。读者对本书的反应，令人羞愧、令人惊讶。本书位列美国畅销书排行榜长达三个月之久，而其初版是以主题演讲的形式，像是两千多年的斯多葛哲学思想的最大单本辑录。与书同名的网站DailyStoic.com每天都能收到数不清的注册邮件，有成千上万的怀揣抱负的斯多葛读者，他们每天把沉思产生的想法写满了《每日斯多葛：366次对智慧、毅力和生活艺术的沉思》和日志本。为响应读者，我们特推出本书，作为《每日斯多葛：366次对智慧、毅力和生活艺术的沉思》书籍的指南，也是大家努力践行斯多葛哲学的途径。此时，你将其握在手中，我们不胜荣幸。

本书呈现了一年五十二周的斯多葛哲学准则或练习。每周练习都有一些关于其重要性和应用的引言，还有来自伟大的斯多葛学派哲学家的引述，来帮助你把注意力集中在一周的练习上。每周练习的第一个引述直接取自同一周的《每日斯多葛：366次对智慧、毅力和生活艺术的沉思》。本书每天都会提出一个问题，帮你集中精力做好清晨的准备工作或晚上的回顾（或两者兼具）。这些斯多葛践行练习之所以经久不衰（此时现代社会也正在经历复苏），是因为它们严酷地关乎着我们每天所面临的情况，理查德·索拉布吉（Richard Sorabji）称之为"生活的平凡起伏，丧亲、失业、升迁、激烈竞争、金钱、对生老病死的担忧"。美国哲学家布兰德·布兰沙德（Brand Blanshard）赞叹马可·奥勒留的遗作时说道："古罗马指挥官的进退，现在几乎无人关心。几个世纪以来，人们一直关注的是一本思想笔记本，其作者的真实生活，人们几乎没有概念，在午夜的朦胧中，他写下的不是当天发生的事或明天的计划，而是一种更具永久意义的东西，一种罕见的精神所寄托的理想和抱负。"古罗马的斯多葛学派哲学家关注的不是文字，而是行动。正如塞涅卡那句名言："哲学教我们如何行事，而非言谈。"而通过每日练习改善行为的偏向，是爱比克泰德教义的中心思想，就如他的忠告："不要只满足于纯粹地学习，还要练习，然后训练。"

这本书，在你"进步的路上"（prokope），在你试着记忆和应用所学时，恰是你"集中精力"（prosoche）和"练习"（melete）的所在。而在你追随本书包含的斯多葛准则时，每天清晨，你的问题会像现代伟大的斯多葛主义者皮埃尔·阿多（Pierre Hadot）的话一样："什么样的准则会指引并激励我的行为？"并且，每天晚上，你会检视自己，哪里没有达到准则的要求，哪里有了进步。开始的日期，由你自己选择，然后继续下去，直到完成本书的教程。同时，无论遇到什么，这五十二条理想和抱负都能提供些帮助。无论是解决诸如抱怨（第31周）、拖延（第35周）或恐慌（第39周）之类的坏习惯，还是换种方式应对愤怒（第29周）、对未来的恐惧（第34周），又或与怀恨在心的人打交道（第38周），你都能找到实用的工具。通过学习如何"从上往下看"（第22周），或学着像别人一样看待问题（第11周），又或学习榜样（第23周），你都能获得更为强大的视角。你会在斯多葛哲学的基础上训练自己，比如控制的二分法（第1周）、关注当下（第5周）以及如何测试你的先验看法（第15周）。

把这本书当成你心灵的刷子，像每天清晨和晚间刷牙一样，刷净自己的内心。本书最后一课是所有斯多葛哲学内涵相当核心的部分：如何变文字为实践。我们希望你能走得更远，如果成功了，鼓励你来年再重走这段旅程，因为到时候，正如赫拉克利特所言：你不再是你，这本书也不再是这本书。

第1周

控制的范围

爱比克泰德的《指南》是以所有斯多葛哲学中最强大的练习开场的：什么在我们的控制范围之内，什么在其之外。这就是"控制的二分法"，也是整个斯多葛哲学的第一条准则。生活中，我们追求的很多东西，自己都控制不了：得不到，就生气、伤心、受挫、害怕或嫉妒。但实际上，我们唯一能控制的是那些情绪，即那些反应。倘若今年的每日练习，你只学到一课或只记住一点，那就一整年都把它记在心里，并以哲学家的方式生活。

生命中的首要任务不过是：明确并区分不同的事物。如此，我就可以清楚地告诉自己，哪些是我无法控制的外部事物，而哪些必然与选择有关，是我实际可控的。然后，我去哪儿发现善与恶？不是为不可控的外部事物，而是为内心里自己要做的选择……

——爱比克泰德，《谈话录》，2.5.4-5

有些事在我们的掌控之中，有些不在。我们掌控自己的观点、选择、欲望、厌恶，总之，均是自己的行为。我们控制不了自己的身体、财富、名声、地位，总之，不是自己的行为。甚至，在我们掌控之中的事情，本质上就是自由、无障碍、畅通无阻的，而那些不在我们掌控之中的，则很脆弱、言听计从，可以阻挡，不属于我们自身。

——爱比克泰德，《指南》，1.1-2

我们掌控自己的理性选择，所有行动都由此道德意志决定。不在我们掌控之内的：身体和身体的各个器官、财富、父母、兄弟姐妹、子女和国家—— 一切可能与我们有关的东西。

——爱比克泰德，《谈话录》，1.22.10

1月1日　什么样的事真正在我的掌控之下？

清晨反省

_____

_____

_____

_____

夜晚反思

_____

_____

_____

_____

1月2日　我在学什么，为什么而学？

清晨反省

_____

_____

_____

_____

夜晚反思

_____

_____

_____

_____

1月3日 为了对重要之事说"行"，我可以对何事说"不"？

清晨反省

_____

_____

_____

_____

夜晚反思

_____

_____

_____

_____

1月4日 我看得透彻吗? 举止大方吗? 可以接受自己无法改变的事物吗?

清晨反省

_____

_____

_____

_____

夜晚反思

_____

_____

_____

_____

1月5日　我活着是为了什么?

清晨反省

夜晚反思

1月6日　我是谁，又代表谁?

清晨反省

夜晚反思

1月7日　我如何保持内心清澈不受污染？

清晨反省

夜晚反思

选择的领地

如果说第一步是辨别什么在我们的控制之下、什么不在的话，那么，第二步就是把精力集中在我们可以选择的事情上。斯多葛学派哲学家把心灵看作一片领地，悉心调理和引导这片领地，无论遇到何种考验或境遇，都是无法攻破的堡垒。我们的理性保护着这片"选择的领地"（prohairesis），它就像一座神圣的庙宇，是人的生命中唯一真正拥有的东西。我们，是自己选择的产物，因此，合理选择至关重要。本周，思考和反思你所拥有的选择：关于你的情绪、行动、信仰和当务之急。

破晓时分，保持住这个想法，然后保持一整天，一整夜——通往幸福的路径，只有一条，在于把你选择范围之外的一切都放弃，把其他一切都视作身外之物，交给神灵和命运处置。

——爱比克泰德，《谈话录》，4.4.39

那么，谁人无敌？是那些不为理性选择之外的东西心烦的人。

——爱比克泰德，《谈话录》，1.18.21

心灵本身就是个范围，忠实于自己。它既不把自己伸向外部事物，也不会自行崩塌，相反，投射出一束光，证明万事万物的真理和真理本身都在它自身。

——马可·奥勒留，《沉思录》，11.12

1月8日　我沉溺于什么？

清晨反省

夜晚反思

1月9日　如果我不控制发生在我身上的事，会剩下什么？

清晨反省

夜晚反思

1月10日　我去哪儿寻找稳定?

清晨反省

_____

_____

_____

夜晚反思

_____

_____

_____

1月11日　在我的生活中,不稳定的起因是什么?

清晨反省

_____

_____

_____

夜晚反思

_____

_____

_____

1月12日　通往宁静之路在哪儿?

清晨反省

夜晚反思

1月13日　在我的控制范围外，我可以放些什么?

清晨反省

夜晚反思

1月14日　什么事情在给我出难题？

清晨反省

夜晚反思

第 3 周

清醒的头脑

每天都在这本练习册中写字，你就会追随着爱比克泰德、马可·奥勒留及其他伟大的斯多葛学派哲学家的足迹。他们面对每一天，不是一时兴起，而是有所准备，心怀准则。他们真正花时间思考、预期这一天、这一周、这一年会发生什么。每个清晨的活动（包括写日志），都是为了准备好迎接每一天。借助这本练习册，你也能做到。

清晨第一件事，问自己如下问题：

· 从激情中获取自由，我缺少什么呢？

· 安宁是为了什么？

· 我是什么？仅仅是个躯体、财产持有人或者名声？这些都不是。

· 那么，是什么呢？理性的存在者。

· 那样对我有什么要求呢？反思你的行为。

· 我是怎样偏离安宁的？

· 我做过什么不友善、不合群或冷漠的事？

· 以上诸事，我哪些没有做到？

——爱比克泰德，《谈话录》，4.6.34-35

清晨，每当起床困难的时候，想想：我正在醒来，要去做人类的工作了。既然如此，我为什么要为我生来就该做的事而烦恼呢？还是说我生来就是为了依偎在被窝儿里取暖？被窝儿里太惬意了。那么，你是为了惬意而生的吗？简言之，是娇生惯养还是努力工作？

——马可·奥勒留，《沉思录》，5.1

1月15日　我会坚持到底吗，还是已经偏离了方向？

清晨反省

_____

_____

_____

_____

夜晚反思

_____

_____

_____

1月16日　有什么假设我没有质疑过？

清晨反省

_____

_____

_____

_____

夜晚反思

_____

_____

_____

1月17日　我在做重要的事吗?

清晨反省

_____

_____

_____

夜晚反思

_____

_____

_____

_____

1月18日　在他人忽视的地方，我能发现优雅和和谐吗?

清晨反省

_____

_____

_____

_____

夜晚反思

_____

_____

_____

_____

1月19日 好或坏，高或低，我还有选择吗？

清晨反省

_____

_____

_____

夜晚反思

_____

_____

_____

_____

1月20日 我该怎样重燃我的信念并在今天开始生活？

清晨反省

_____

_____

_____

夜晚反思

_____

_____

_____

_____

1月21日　我怎么会中断写日志呢？

清晨反省

夜晚反思

第 4 周

每天都进步一点

斯多葛学派哲学家把自己的生命视作正在进行时。他们不认为自己生来就完美，而是认为通过努力、尽心，会让自己每天都进步一点。在这个过程中，存在真正的快乐，正如苏格拉底引用爱比克泰德的话所说的那样。马可·奥勒留如饥似渴地追逐着自己的教育和进步，迫切地在书本、良师和历史中寻找建议。本周，学习这点，看看自己每天时光过后，会怎样取得一点进步。

我们必须不断检视自己，而最有用的，如塞涅卡所言，是每天都自我反省。回顾刚刚过去的一天，能帮我们更好地理解哪里做得不好，为了进步和成长给自己切实的反馈意见。只有你衡量和记录的东西，才能受到监督；只有你拿来反思的，才能让你学到东西。

> 我会不断检视自己，而最有用的是，每天我都会自省。因为我们没有人回想自己的人生，而正是这点，让我们不幸。我们考虑的不过是正打算做的事。然而为未来做的计划，来自过去。
>
> ——塞涅卡，《道德书简》, 83.2

> 从拉斯蒂克斯（Rusticus）那儿……我学到了精读，不满足于大略地理解整篇；对于某件事有很多说法的人们，也不急着去赞同。
>
> ——马可·奥勒留，《沉思录》, 1.7.3

> 但苏格拉底说了什么呢？"正如一个人喜欢修葺农场，另一个人喜欢装饰马，我也很乐意每天都使自己取得进步。"
>
> ——爱比克泰德，《谈话录》, 3.5.14

1月22日　今天我克制了什么坏习惯?

清晨反省

夜晚反思

1月23日　我拥有的东西中,哪件东西左右了我?

清晨反省

夜晚反思

1月24日　我所做的，有深度吗？

清晨反省

夜晚反思

1月25日　我真正珍视的是什么？

清晨反省

夜晚反思

1月26日　我今天的"曼怛罗"是什么?

清晨反省

_____

_____

_____

夜晚反思

_____

_____

_____

_____

1月27日　我正在学习什么、练习什么、训练什么?

清晨反省

_____

_____

_____

夜晚反思

_____

_____

_____

_____

1月28日　我拿什么标准衡量自己?

清晨反省

夜晚反思

第5周

专注于当下

马可·奥勒留统治时期，时局尤其动荡。四面八方都起了战争。瘟疫在罗马肆虐。他的统治自然问题不断，压力不减。但他从来没让压力压垮自己。从斯多葛学派哲学家和他的养父安东尼皇帝那儿，马可找到了一种应对策略，总能契合当下和手头的职责。当我们压力过大时，记住他的做法和练习，集中精力应对眼前之事，而不是有可能发生之事。

每时每刻，对手头的任务，要保持坚定的信念，就如罗马人和其他人类那样，做事要有严格又简单的尊严、情感、自由和正义——其他因素就不要考虑了。如果你把每一个任务都当作最后一个来处理，绝不分心、抛开让你不理智的情绪、不看戏剧、放下虚荣心、不再抱怨分配是否公平，那你就能完成。你会发现，把几件事做到精通，会让你过上丰富又虔诚的生活——因为，如果你的目光集中在这些东西上，神灵就不再要求什么。

——马可·奥勒留，《沉思录》，2.5

你会活到三千岁吗，甚至好多个三千岁？记住，只有真正活着的人，才会失去生命，只有正在失去生命的人，才真正走过一生。那么，寿命无论长短，结果都一样，因为对所有人来说，当下的时刻长短都一样，而且是一个人的全部财富。没人会失去过去或将来，因为不属于自己的东西，又何论失去呢？

——马可·奥勒留，《沉思录》，2.14

切勿让自己对整个生命的反思压垮自己。切勿满脑子都是有可能还会发生的坏事。专注于当下的情境，问自己：为何难以忍受，为何不能幸免？

——马可·奥勒留，《沉思录》，8.36

1月29日　我是否坚定信念专注于手头的任务?

清晨反省

_____

_____

_____

夜晚反思

_____

_____

_____

_____

1月30日　对于不要紧之事, 我是否满足于毫无头绪?

清晨反省

_____

_____

_____

_____

夜晚反思

_____

_____

_____

_____

1月31日　今天哲学能帮我找到什么治愈之法呢?

清晨反省

_____

_____

_____

_____

夜晚反思

_____

_____

_____

_____

2月1日　我如何控制自己的脾气?

清晨反省

_____

_____

_____

_____

夜晚反思

_____

_____

_____

_____

2月2日　哪些冲动让我失去了自控?

清晨反省

_____

_____

_____

夜晚反思

_____

_____

_____

_____

2月3日　此事我能控制吗，还是我能控制自己的焦虑?

清晨反省

_____

_____

_____

夜晚反思

_____

_____

_____

_____

2月4日　我是在培养不可战胜的选择能力吗?

清晨反省

夜晚反思

第 6 周

别急着有看法

爱比克泰德教育人们，看法是"内心困扰的起因"。也就是那些我们认为事情应该是、需要是什么样的看法。关于"看法"，斯多葛哲学中有个单词"dogma"，意为"武断的意见"。践行斯多葛哲学，从一次严酷的尝试开始，即终止这种教条式的生活方式：别再把你的看法和期待强加给这个世界。

对一件事，我们有能力不持任何意见，且不让它扰乱心境——因为事情本身，没有能力影响我们的判断。

——马可·奥勒留，《沉思录》，6.52

今天，我从周围拥挤的世界中逃了出来，说得再好些，是我把它们撵了出去，因为这些拥挤并非来自外部，而是来自我自己的假想。

——马可·奥勒留，《沉思录》，9.13

有两样东西必须要从人类世界根除：傲慢的想法和不信任。傲慢的想法，让你以为再无所需之物，不信任则会让你以为，周围环境的洪流中不可能存在幸福。

——爱比克泰德，《谈话录》，3.14.8

扔掉你自负的想法，一个人对自以为已经会了的东西，是不可能开始学习的。

——爱比克泰德，《谈话录》，2.17.1

2月5日　我有没有三思而后行?

清晨反省

夜晚反思

2月6日　我能避免哪些不必要的冲突?

清晨反省

夜晚反思

2月7日 在害怕和担忧击垮我之前，我该如何击败它们？

清晨反省

夜晚反思

2月8日 我发脾气是否于事情有益？

清晨反省

夜晚反思

2月9日 如果我对此事没有看法会怎样呢?

清晨反省

夜晚反思

2月10日 我生活中的哪些方面是受愤怒驱使的?

清晨反省

夜晚反思

2月11日　我的内心是个明君还是暴君？

清晨反省

夜晚反思

第 7 周

监督审视你的感知

　　每时每刻，周围世界都给我们送来潮水般的认知，而我们的内心也因此塞满了随之而来的感知。斯多葛学派哲学家教给我们，必须时刻警惕这股潮水，就像守卫至关重要的东西一样。而我们保护的到底是什么呢？内心的宁静、清晰和自由——这些都停泊在我们的感知里。爱比克泰德提醒人们：要把注意力放在重要之事上，还要学着忽视别人没完没了的挑衅。

　　时刻守护好你的感知，因为你所保护的不是件小事，而是你的尊重、诚信、稳重、内心的宁静、免于痛苦和恐惧，用一个词概括，即自由。你因何会出卖这些东西呢？

　　　　　　　　　　——爱比克泰德，《谈话录》, 4.3.6b-8

　　一个人开始哲学之旅，有个重要起点：对自己的主要原则有了清晰的认知。

　　　　　　　　　　——爱比克泰德，《谈话录》, 1.26.15

　　我不赞同那些一头扎进混乱局面的人，还有那些接受混乱的生活、每天都精神百倍地对抗困难局面的人。明智之士会忍受，不做选择，也就是选择平和，而非交战。

　　　　　　　　　　——塞涅卡，《道德书简》, 28.7

2月12日　我因什么丢掉了内心的宁静？

清晨反省

夜晚反思

2月13日　于我而言，哪种乐事其实是惩罚？

清晨反省

夜晚反思

2月14日　怎样才能更好地倾听内心的微弱声音?

清晨反省

夜晚反思

2月15日　这些强烈的情感真的有意义吗?

清晨反省

夜晚反思

2月16日　我把什么原本不难的事搞砸了？

清晨反省

夜晚反思

2月17日　原本此时可以享有却被我推延的幸福之事有哪些？

清晨反省

夜晚反思

2月18日　我是否严格训练、拒绝假象呢?

清晨反省

夜晚反思

第8周

减少欲求，增添快乐

斯多葛学派哲学家认为，少点欲求，会让人的感恩之心更盛，反之亦然。爱比克泰德非常重视教育学生改掉欲求过多的坏习惯。从中，他找到了通往幸福生活和快乐的人际关系的钥匙。通过练习减少欲求并感恩目前已经拥有的，我们就能远离所谓的"享乐适应症"，从而在通往知足生活的路上，迈出踏实的一步。

记住，在生活中，行为举止，要如同赴一场盛宴。如果有事来找你，伸出手，给予适当的帮助。与你擦身而过了？别阻止。是不是还没到呢？别苛求，等到它来到你面前为止。对孩子、爱人、职位、财富，都这样——终有一天，这会让你配得上与众神灵共享盛宴。

——爱比克泰德，《指南》, 15

一个罐子，口很窄，里面装着糖果，小孩儿把手伸进去，抓了满满一手，手卡住拿不出来，就开始大哭。丢掉几颗糖果，手就可以拿出来了！人要克制欲望——不要盯着太多东西不放，这样就会得到所需之物。

——爱比克泰德，《谈话录》, 3.9.22

……自由并非通过填补内心的欲望获得，而是通过消除欲望实现。

——爱比克泰德，《谈话录》, 4.1.175

2月19日 在"人生的盛宴"，我是否满足于分给我的"菜肴"？

清晨反省

夜晚反思

2月20日 我追求的这些乐事真的值得吗？

清晨反省

夜晚反思

2月21日　我该停止渴望什么？

清晨反省

夜晚反思

2月22日　我是否清楚什么想说但不如不说？

清晨反省

夜晚反思

2月23日　若生气不能改变什么，又为什么生气呢？

清晨反省

夜晚反思

2月24日　为什么要告诉自己，自己受伤害了呢？

清晨反省

夜晚反思

2月25日 这次吵架，几个月后我还会记得吗？

清晨反省

夜晚反思

第 9 周

学着淡然处之

有的人终其一生追逐好东西：健康、财富、享乐、成功。有的人用同样的精力试着避开坏事：疾病、贫穷、痛苦。这两种事物看似截然相反，但殊途同归。斯多葛学派哲学家不断提醒自己，我们追求和躲避的很多东西，都不在自己的控制范围之内。他们不追求不可能之事，无论是追求还是躲避，同样都努力做好准备，同样都能随遇而安。他们练习淡然处之。淡然，是强大的力量，学好这个技能，能让自己非常强大。

人间万物，有好有坏，还有些则一般般。好为美德，人人皆分享；坏为恶习，人人皆放任；一般般则居其中，包含财富、健康、生活、死亡、享乐和痛苦。

——爱比克泰德，《谈话录》，2.19.12b-13

我的理性选择之于邻居的理性选择，就像之于他的呼吸和身体一样，是无关紧要的。无论为相处付出了多少，我们每个人的主导理性都是做好自己的事。如果不这样，别人身上的邪恶就会成为我的伤害，而上帝并不想让别人来控制我的不幸。

——马可·奥勒留，《沉思录》，8.56

生活中，有些东西有好处，有些有坏处，而这两者都不是我们能控制的。

——塞涅卡，《道德书简》，92.16

2月26日　别人好不好，我为什么要关心呢？

清晨反省

夜晚反思

2月27日　如何培养对不重要之事淡然处之的态度？

清晨反省

夜晚反思

2月28日 我稍停下来，冷静一下，会怎样呢？

清晨反省

_____

_____

_____

_____

夜晚反思

_____

_____

_____

_____

2月29日 闰年"曼怛罗"：不可能想要什么就得到什么。

清晨反省

_____

_____

_____

_____

夜晚反思

_____

_____

_____

_____

3月1日　别人认为理所当然之事，我多久质疑一下呢？

清晨反省

_____

_____

_____

_____

夜晚反思

_____

_____

_____

3月2日　我对自己的理解和评价对吗？

清晨反省

_____

_____

_____

夜晚反思

_____

_____

_____

_____

3月3日　我是与哲学家一道，还是与乌合之众为伍？

清晨反省

夜晚反思

3月4日　我有多少限制其实是自己强加的？

清晨反省

夜晚反思

第 10 周

代价几何

在犬儒学派看来，斯多葛学派学者践行强大的练习，即把注意力集中在真正值得（axia）的事物上。一件商品的价格，不只包含其成本，还有购买的人为此付出的代价。人们对物质商品的渴求，代价深重，既有焦虑，也有失掉的安宁，即便得到，也往往令人更为焦虑，鲜有安宁。本周，花些时间反思你为购买的商品实际付出的成本。看看它们是否值得你的付出。

所以，关于我们追求的以及为之积极努力的东西，我们欠缺这种考虑：要么这些东西没什么用，要么多数用不到。有些是不必要的，而有些根本不值那么多。但我们领悟不到这点，还把它们看成是免费的，其实非常昂贵。

——塞涅卡，《道德书简》，42.6

如果一个人把你的身体出卖给某个过客，你会暴跳如雷。然而，你却把自己的心灵交给随意一个泛泛之交，他们可以随意对待你，令你的心灵扰乱、困惑，你不觉得那样很可耻吗？

——爱比克泰德，《指南》，28

锡诺普的第欧根尼说，我们把价值连城的东西卖得一文不值，反之亦然。

——第欧根尼·拉尔修，《名哲言行录》，6.2.35b

3月5日　我那么努力想得到的东西，真的需要吗?

清晨反省

夜晚反思

3月6日　我都在什么时候大嘴巴?

清晨反省

夜晚反思

3月7日　对自己的看法，我可否验证后再相信呢？

清晨反省

夜晚反思

3月8日　我是否爱惜自己的时间和注意力呢？

清晨反省

夜晚反思

3月9日　我的社交圈让自己越来越好还是越来越差？

清晨反省

夜晚反思

3月10日　谁是我的行为榜样？为什么？

清晨反省

夜晚反思

3月11日　我拿自由换取了什么？我能把自由拿回来吗？

清晨反省

夜晚反思

第 11 周

站在他人的角度考虑问题

人们往往把自己的出发点视为善意，对别人的，则视为恶意。然后还奇怪为何生活中有那么多的矛盾！斯多葛学派哲学家甩掉这种习惯，提醒自己，对自己的第一反应要持怀疑态度，而对别人的，则首先要有同理心。位高权重的人，往往对此嗤之以鼻，而马可·奥勒留，这位在位期间地球上权力最大的人，则在与人交往时，以其仁慈著称于世。他告诉自己，要经常花时间想想自己的失误，还要想想别人会怎么看。我们也要像他一样提醒自己，大部分人都很努力，只不过在生活的乱麻中，很容易忽视这些。本周记住，不要只站在自己的角度思考与他人的相处。

无论何时，若有人对你做了错事，马上想想他/她在做这件事时的善恶观念。因为你一旦理解，就会有同情之心，而非惊诧或气愤。因为你希望自己能有同样的善恶观念，或与之类似的，这样你就会体谅他们的所作所为。即便你不再持同样的观念，你也会很轻易地宽容其过错。

——马可·奥勒留，《沉思录》，7.26

若你的拳击陪练抓伤了你或用头顶你，不要接着做什么，或用怀疑的眼神看他，又或认为他暗算你。留意就好了，但不是用敌视或怀疑的眼神，而是以健康的心态避开。生活中的一切事，你都应如此。对我们的训练伙伴，很多事都应宽容以待。因为，正如我刚说的，可以在不抱怀疑或悔恨的态度下避开。

——马可·奥勒留，《沉思录》，6.20

3月12日 如果我多去看别人善意的一面，会有什么改变呢？

清晨反省

_____

_____

_____

夜晚反思

_____

_____

_____

3月13日 与其视作坏运气，何不当作必然发生呢？

清晨反省

_____

_____

_____

夜晚反思

_____

_____

_____

3月14日　自大是如何妨碍我学习的?

清晨反省

夜晚反思

3月15日　如果我完全专注于当下,会怎么样呢?

清晨反省

夜晚反思

3月16日　我是否重视上天赋予我的这个内心呢?

清晨反省

_____

_____

_____

_____

夜晚反思

_____

_____

_____

_____

3月17日　我的选择明智吗?

清晨反省

_____

_____

_____

_____

夜晚反思

_____

_____

_____

_____

3月18日　我能排除哪些不好的假设呢?

清晨反省

夜晚反思

第 12 周

轻巧地撤退

我们总想着未来，如度假、不上班、计划着走进自然时，能找到平静，并从日常生活柴米油盐的琐碎中摆脱出来。然而，事实似乎总不像我们想象的那样，对吧？而且，即便得到了平静，一旦回到"战场"，平静又转瞬即逝。对斯多葛学派哲学家来说，这一切都很蠢。真正的撤退，应朝着自己内心和灵魂的自由，朝着上天已然赋予我们的东西，而这些东西一直都是我们的庇护所。前提是，我们每天都要花时间这样做。

> 人们到乡下、海边或是深山，为自己寻觅僻静之地。你也非常渴望那些东西。但那实在是粗俗之人的做法，无论何时，你可以在你内心深处找到一个僻静所在。因为，除了你自己的内心，你找不到比它更宁静、不熙攘的安静之地，尤其是当你细心观察时，内心里满是平和，进而井然有序。经常让自己来这儿安静一会儿，焕发新生。
>
> ——马可·奥勒留，《沉思录》, 4.3.1

> 记住，不是只有对金钱和地位的渴望，会令你屈服、失了身份，还有对宁静、放松、旅游和学习的渴望。不论外部事物是什么，只要我们重视，就会屈服……内心定格在哪儿，阻碍就在哪儿。
>
> ——爱比克泰德，《谈话录》, 4.4.1-2；15

> 记住，当你的支配理性集结并相互依赖的时候，它就变得不可征服，因此它不会做任何违背自己意愿的事情，即使它的立场是非理性的。如果它的判断谨慎而理性，还有多少是不可征服的呢？因此，从激情中解放出来的心灵是一座牢不可破的堡垒，一个人没有永远安全的避难所。
>
> ——马可·奥勒留，《沉思录》, 8.48

3月19日 我恼怒的真正起因是什么，是外部事件，还是自己的看法？

清晨反省

夜晚反思

3月20日 我在培养能忍受逆境的优秀品质吗？

清晨反省

夜晚反思

3月21日 若我在当下寻求平静而非寄希望于远方，会怎样？

清晨反省

_____

_____

_____

_____

夜晚反思

_____

_____

_____

_____

3月22日 我是否混淆了上学和受教育的概念？

清晨反省

_____

_____

_____

_____

夜晚反思

_____

_____

_____

_____

3月23日　我能怎样对待我的贪婪？如何治愈我的弊病？

清晨反省

夜晚反思

3月24日　在日常事务中，我能学到哪些哲学上的教训？

清晨反省

夜晚反思

3月25日　减少欲求，我会感觉更富有吗？

清晨反省

夜晚反思

第13周

不必给别人留下深刻印象

如果给人留下好印象以及让别人喜欢自己的欲望，是人类作为一个物种生来就具有的，那么社交媒体出现之前出生的每一代人都是幸运的。今天，我们面临更严峻的状态：正在做的能给人留下深刻印象的事、当下克服的考验、避开的危险和取得的胜利等，用这些事来填满这些状态，很耗费精力。甚至近两千年前，爱比克泰德在他的学生（当时的学生没有电脑）身上，也看到了这类骄傲和自恋，提醒学生那是有害的。事实上，他告诉他们，这种骄傲和自恋会毁掉他们的人生目标，会让他们分心、疲惫。同样，塞涅卡也把这种追求旁观者的认可视为一种生命的耻辱。本周，观察这类冲动，留意自己到底有多需要手机、需要更新状态，然后问自己：这是我想成为的那种人吗？哲学家会这么做吗？

> 你若为了讨好某个人，而强迫自己做控制范围之外的事，就得知道，你会破坏整个人生的目标。那么，在自己的能力范围内，满足于做一个哲学家吧，如果你想看起来也像个哲学家，先证明给自己看，你是，而且会成功。
>
> ——爱比克泰德，《指南》，23

> 公共场合，不要经常或过多谈起自己的成就和遭遇的危险，因为不管你多乐于诉说自己遭遇的危险，对他人来说，听你讲自己的故事，都不怎么愉快。
>
> ——爱比克泰德，《指南》，33.14

> 垂暮之年的律师，在法庭上还在为不知名的当事人辩护，却仍在寻求无知的旁观者的认可，这位濒死的律师，是多么的可耻。
>
> ——塞涅卡，《论生命的短暂》，20.2

3月26日　我在自我观察吗？

清晨反省

夜晚反思

3月27日　哪些珍贵的东西我廉价出让了？

清晨反省

夜晚反思

3月28日　我的训练是为了帮助我适应这种情况吗？

清晨反省

夜晚反思

3月29日　我怎么那么在意给别人留下深刻印象呢？

清晨反省

夜晚反思

3月30日 若我不受理性的支配，又受什么支配呢？

清晨反省

夜晚反思

3月31日 今天我能停下追逐不可能之事的脚步吗？

清晨反省

夜晚反思

4月1日　什么思想丰富了我的世界的颜色?

清晨反省

夜晚反思

第 14 周

关于不要杞人忧天

我们称那些杞人忧天的人为"悲观主义者"。有人甚至认为不好的想法会招致坏事发生。斯多葛学派哲学家把这些视为无稽之谈。事实上，他们会做"预先设想坏事"（praemeditatio malorum）的练习，专门鼓励人们思索那些所谓的最坏情况。一早起来，马可就会预想今天在朝堂上会遇到的一切丑恶情形，目的不是让自己兴奋起来，恰恰相反，是让自己平静下来，做好准备，以适当的方式行动，而不是被动反应。同样，塞涅卡也做预想的练习，不仅包括常常发生的事，还包括可能发生的事。爱比克泰德甚至在亲吻爱人时，想象自己会失去对方。斯多葛学派哲学家认为，我们所拥有的一切都是从"命运"那儿借来的，凡事往坏处想，能提高我们的"忧患意识"，在个人思想中，不要回避这点。

> 早上起床后先告诉自己：我会碰到多管闲事之人、忘恩负义之人、极端利己之人、谎话连篇之人、嫉妒小人，还有怪人。因为他们不知道善恶之别，都在经受这些苦难的折磨。因为我理解善之美、恶之丑，我知道那些作恶者依然是我的同类……而且知道没人伤害得了我，也没人能把我扯入丑恶之中，我也不能与亲近之人生气，抑或憎恶他们。因为我们是为合作而生的。

> ——马可·奥勒留，《沉思录》，2.1

> 出其不意会加重灾难的程度，意外惊讶也会增加一个人的痛苦。因此，我们不应该有任何意外。我们的思想应该提前考虑到所有的事情，我们不应该只考虑事情的正常进程，而是实际可能发生的事情。因为，生活中有什么东西，只要让她高兴，运气就不会溜之大吉吗？

> ——塞涅卡，《道德书简》，91.3a-4

4月2日 今天我怎样做能避开"戏剧性事件"？

清晨反省

夜晚反思

4月3日 我的计划与其他计划冲突吗？

清晨反省

夜晚反思

4月4日 今天我可以努力成为哲学理念中理想的人吗？

清晨反省

夜晚反思

4月5日 如果我不再核实自己的看法和第一反应，会发生什么呢？

清晨反省

夜晚反思

4月6日 想想人们做过的最坏的事，我会不加计较地爱他们吗？

清晨反省

_____

_____

_____

夜晚反思

_____

_____

_____

_____

4月7日 在这个问题上，我的看法作用多大？

清晨反省

_____

_____

_____

夜晚反思

_____

_____

_____

4月8日 我接受了哪些坏的假设、习惯或建议？

清晨反省

夜晚反思

第 15 周

验证你的认识

爱比克泰德有个重要的教义，是关于检验你所有认知的，包括所有经验、感知或眼前的境遇。他用一个关键动词强调这个练习，即"dokimázo"，《谈话录》中出现了十次，《指南》开头出现了一次。该词有"试金者"的意思，即检验纯金属和钱币真伪的人。其中最令人难忘的是，爱比克泰德把人们检验认识的需要，与检验钱币真伪作比较，娴熟的商人把钱币扔在桌子上，听其声音，就能验出真伪，如同音乐家能辨出刺耳的音符一样。本周，我们就做这个练习，把面前的一切都检验一遍，假设它们都是假的或是有误导性的，直到证明是真的为止。

> 一说到钱，人们就来了兴趣，人们有一整套的技艺，在这个领域，测试人员用很多方法发现价值……正如对那些可能让我们偏离方向的事物，会在判断上予以重视一样。但一说到我们自己的主要原则，就会哈欠连连，满脸困意，接受任何一闪而过的表象，而不权衡得失。
>
> ——爱比克泰德，《谈话录》，1.20.8；11

> 首先，不要让以往的印象左右自己。告诉自己："坚持一下，让我看看你是谁，来自哪里，我来检验你"……
>
> ——爱比克泰德，《谈话录》，2.18.24

> 从一开始，练习对每个严厉的印象说："你只是个印象，一点都不是你看起来的样子。"接下来，用你掌握的原则检视它，验证它，首先也是最重要的是，它在自己的控制范围之内还是之外，如果是后者，就准备好回应这句："对我来说，它无关紧要。"
>
> ——爱比克泰德，《指南》，1.5

4月9日 我能否退一步检验我的认识正确与否？可能发现什么呢？

清晨反省

夜晚反思

4月10日 我的判断是如何给我造成痛苦的？

清晨反省

夜晚反思

4月11日 关于这个问题，我能不能不再固步自封从而学点新东西？

清晨反省

夜晚反思

4月12日 所谓的"荣誉"和"富有"真相为何？

清晨反省

夜晚反思

4月13日　少一点，看起来会怎样呢?

清晨反省

_____

_____

_____

夜晚反思

_____

_____

_____

4月14日　我对生活的平衡，是否好过我的资产平衡表呢?

清晨反省

_____

_____

_____

夜晚反思

_____

_____

_____

4月15日　生活中处处要交税，我做好交税的准备了吗?

清晨反省

夜晚反思

第 16 周

控制冲动

如果你正因某事焦虑，写下来，盯着它看。发生了什么？谁导致的？现在想想你的反应：你说了什么？有什么感觉？这样做于事有益还是恰恰相反？身为皇帝，马可·奥勒留显然有很多人和事令他烦恼。除此，他还拥有实实在在的权位。即便如此，他还是会告诉自己："你是你内心的主宰，不主宰外部事件。意识到这一点，你就会找到力量。"因此，对发生在你身上的事来说，你并不能控制发生什么，但能控制你随之而来的冲动念头。

> "赞同的艺术"已被人遗忘，爱比克泰德说我们必须要找到它，并特别关注"冲动的范围"——冲动服从于保留意见、公共利益，与实际价值成正比。
>
> ——马可·奥勒留，《沉思录》, 11.37

> 你说，好运常常在每一个转角处与你相遇。但幸运的人是给自己好运的人。
>
> 而好运就是调整好心态、冲动和善行。
>
> ——马可·奥勒留，《沉思录》, 5.36

> 如果像这样表达你的思想：你老了，不会再让自己受此束缚，不会再像个提线木偶一样受每个冲动的牵制，不再抱怨当下的命运，也不再害怕未来。
>
> ——马可·奥勒留，《沉思录》, 2.2

4月16日 今天我能多关注些什么？

清晨反省

_____

_____

_____

_____

夜晚反思

_____

_____

_____

4月17日 我可否不再为小事伤心？

清晨反省

_____

_____

_____

_____

夜晚反思

_____

_____

_____

4月18日　对此，我有必要有看法吗？

清晨反省

_____

_____

_____

夜晚反思

_____

_____

_____

4月19日　我是否为可能发生的事留有余地？

清晨反省

_____

_____

_____

夜晚反思

_____

_____

_____

4月20日　何为少有的真品?

清晨反省

夜晚反思

4月21日　我能保持注意力多久?

清晨反省

夜晚反思

4月22日　我是否有自我意识，会自我批评和自主决定？

清晨反省

夜晚反思

第 17 周

轻视的自由

　　人们用以描述事物的语言与事物的价值是不相符的。通常，我们用最高级修饰语言，帮助选择该买什么、穿什么、吃什么或喝什么，似乎比它们的实际情况看起来好很多。作为皇帝，马可·奥勒留原本可以每顿饭都享用最优质的白葡萄酒，但他却选择提醒自己，那不过是葡萄的果汁。作为皇帝，他是罗马唯一有权穿紫袍的人，但他却煞费苦心地指出，他的袍子与其他袍子一样，不过都是用甲壳类动物的血染色，染成了紫色调。本周，要用略带轻视的眼光减少奢侈品，并减少所渴求东西的数量。用最直率的语言描述它们，看看它们对你的影响力究竟能小到多少。

　　当肉或其他食物摆在面前时，我们想，这是条死去的鱼，这是只死去的鸟或死去的猪；同样，这杯美酒不过是一串葡萄的果汁，这件紫边的长袍只是羊毛染了一点贝类动物的血；还有性，只是一起摩擦私处，一阵阵痉挛地流出液体——同样，我们用头脑中的印象去认识、概括实际发生的事，于是，看它们就像真的一样。

　　　　　　　　　　　　　　——马可·奥勒留，《沉思录》, 6.13

　　脑海中列一张单子，记住那些因某事大发雷霆或满腹怨恨的人，即便是名声在外之人，不管是因成功、不幸、恶行或别的什么原因。然后问自己，效果怎样？烟雾重重，不过是简单的传闻，却试图成为传奇……

　　　　　　　　　　　　　　——马可·奥勒留，《沉思录》, 12.27

　　你知道葡萄酒和烈性甜酒的味道。无论是一百瓶或者一千瓶，通过你的膀胱，你不过是个过滤器罢了。

　　　　　　　　　　　　　　——塞涅卡，《道德书简》, 77.16

4月23日　我怎么照料自己的内心?

清晨反省

夜晚反思

4月24日　豪车、珠宝、美酒,这些东西到底是什么?

清晨反省

夜晚反思

4月25日　我犯错时愿意承认吗?

清晨反省

夜晚反思

4月26日　我该如何向我的"拳击搭档"学习?

清晨反省

夜晚反思

4月27日　赞誉究竟能持续多久呢?

清晨反省

夜晚反思

4月28日　我的一切欲求从我身上夺走了什么力量?

清晨反省

夜晚反思

4月29日　我仰头看天时感受到了什么?

清晨反省

夜晚反思

行胜于言

生活的艺术，并非一套教义或我们能记住的一个方程。而是践行，需要不断的努力。爱比克泰德就不断提醒自己的学生，不要听了什么演讲或读了什么书就鹦鹉学舌，而是真正去实践。他深知，能看到的进步胜过一切言语。本周的杂记，就记下你已经做了什么及正在做什么，不是你计划做什么或认为自己是什么样的。让日记列满你的行动，且是好的行动。

学点纯理论就迫不及待往外说的人，就像吃了东西但胃不舒服往外吐一样。首先要把理论消化了，就不会吐了。否则，就只是生的、变质的，没有营养。消化之后，用你的理性选择把变化展示给我们，就像体操运动员的肩膀秀出了他们的节食和训练，就像工匠的手工艺品秀出了他们的所学。

——爱比克泰德，《谈话录》, 3.21.1–3

首先，不要让别人知道你是谁——把你的哲学留给自己一点。就像果实产生的方式一样——种子被埋了一个季节，隐藏在地下，逐渐生长，这样它就可以完全成熟。你就是这种植物，过早结果子，冬天会把你冻死的。

——爱比克泰德，《谈话录》, 4.8.35b–37

4月30日　我的行为与我的性格匹配吗?

清晨反省

夜晚反思

5月1日　我的行为以及内心配得上我的哲学吗?

清晨反省

夜晚反思

5月2日　我想成为什么样的人?

清晨反省

夜晚反思

5月3日　我是在做还是在说?

清晨反省

夜晚反思

5月4日　我把钱花在什么地方能帮助别人?

清晨反省

_____

_____

_____

_____

夜晚反思

_____

_____

_____

_____

5月5日　我有没有给自己做个终身计划?

清晨反省

_____

_____

_____

_____

夜晚反思

_____

_____

_____

_____

5月6日　我在追求人类卓越的美好吗?

清晨反省

夜晚反思

我们都是习惯的产物

为了在生活的艺术中有所进步，古罗马斯多葛学派哲学家尤其强调应对习惯行为的重要性。伟大的古罗马斯多葛派教育家墨索尼亚斯·鲁弗斯认为，世界上的所有理论都无法胜过好习惯（或克服坏习惯）。关于习惯的这个核心问题，爱比克泰德是赞同墨索尼亚斯的，他认为诸如愤怒的坏习惯不能助长，还要找个方法，用好习惯取代坏习惯。我们总能从别人身上辨别出坏习惯，在自己身上却有点难。本周，思索坏习惯的问题，或有碍于你进步的重复性行为，必要时，可求助亲近之人。

　　每种习惯和能力都以相应的行动形成和培养，如走路通过走路，跑步通过跑步……因此，你若想做某事，就形成习惯，若不想，就不形成习惯，反过来，去形成做别的事的习惯。这也适用于我们的心态。生气时，你不仅在经历那种不幸，还加强了一种坏习惯：火上浇油。

——爱比克泰德，《谈话录》，2.18.1-5

　　"若你不想做个头脑易发热的人，那就别养成习惯。第一步，努力保持镇静，数数自己有多少天没生过气了。我以前每天都生气，后来是每隔一天，再后来是每隔三四天……若你能做到每隔三十天，谢天谢地吧！因为习惯先是变弱，之后就消失了。一旦你能说出"我今天没发火，第二天也没有，后来的三四个月都没有，盛怒之下，我保持住了冷静"，你会发现身体更健康了。

——爱比克泰德，《谈话录》，2.18.11b-14

　　与习惯相抗衡时，我们能找到什么援助呢？试试反着来！

——爱比克泰德，《谈话录》，1.27.4

5月7日 今天我能从自己身上得到什么益处?

清晨反省

夜晚反思

5月8日 什么样的恶果来自我自身的选择?

清晨反省

夜晚反思

5月9日　我会把握今天吗?

清晨反省

_____

_____

_____

夜晚反思

_____

_____

_____

_____

5月10日　我今天能做什么大胆之事?

清晨反省

_____

_____

_____

夜晚反思

_____

_____

_____

5月11日　缺乏自控让我在哪里出现问题?

清晨反省

夜晚反思

5月12日　不管发生什么,若我都能以善意应对,会如何呢?

清晨反省

夜晚反思

5月13日　我在助长什么坏习惯?

清晨反省

夜晚反思

第 20 周

多往好处想

人们很容易抱怨生活中缺少的东西，却难感激已经拥有的。塞涅卡提醒我们，快乐所需的一切都在眼前，而或许会错过的奢侈品，本身也会以现有的东西为代价而付出巨大代价。马可赞同这一点，并提醒自己要珍惜生活中已有的，想象若没有这些东西会怎样（又会如何思念它们）。本周，把你拥有的东西列张清单，意识到你有幸拥有和享受的，这样，你就能如爱比克泰德所言，清楚地看清它们来自何处，并为此心生感恩之情。

> 不要总盯着不属于自己却当成自己的东西，要多盘点盘点你真正拥有的，想想若它们不属于自己，你会对它们有多少渴望呢。但你要当心，你没有把它们珍视到丢了会心烦的程度。
>
> ——马可·奥勒留，《沉思录》, 7.27

> 宇宙的缔造者，他把生命的法则赐给我们，规定我们要生活得好，但不要奢侈。我们幸福所需要的一切就在面前，而奢侈所需要的是由许多痛苦和焦虑聚集起来的。让我们利用大自然的恩赐，把它列为最伟大的东西吧。
>
> ——塞涅卡，《道德书简》, 119.15b

> 如果你有两种品质，即完全了解每个情况下实际发生的事情和感恩之情，那就对每件可能发生的事情，都容易去赞美神灵。没有感恩，看的意义何在，看不到，感恩的目的何在？
>
> ——爱比克泰德，《谈话录》, 1.6.1-2

5月14日　我的行动利于我健康快乐吗?

清晨反省

夜晚反思

5月15日　我此时有幸拥有什么?

清晨反省

夜晚反思

5月16日　当下我正怎样为好习惯创造动力？

清晨反省

夜晚反思

5月17日　我走在前进的路上吗？

清晨反省

夜晚反思

5月18日　我的注意力真的集中在手头上的事情上了吗?

清晨反省

_____

_____

_____

夜晚反思

_____

_____

_____

5月19日　在哪个地方我在做不应做之事?

清晨反省

_____

_____

_____

夜晚反思

_____

_____

_____

5月20日 我在种下什么样的种子，它们又会长成什么样子？

清晨反省

夜晚反思

第 21 周

实践真正的快乐

斯多葛学派哲学家认为快乐（chara）是一种好的激情，值得在日常生活中实践。但斯多葛式的快乐，不是关乎感官的愉悦或肉体的享乐。对马可而言，快乐是善待他人。对塞涅卡而言，快乐是不惧怕痛苦和死亡。让我们与德谟克利特一道大笑，如塞涅卡所说，用快乐的心情做"人该做的事"。在本周的书写中，考虑一下你在哪里可以找到快乐，你能用快乐做些什么。

人类的快乐在于得当的人类活动。而得当的人类活动包括：对他人有善行之举，鄙视感官上的刺激，鉴别可靠的已有认知，沉思自然秩序和维持自然秩序的一切。

——马可·奥勒留，《沉思录》, 8.26

相信我，真正的快乐是一件严肃的事情。你觉得有人可以用迷人的表情去轻松地面对死亡吗？或者打开贫穷之门、约束快乐，或者冥想对痛苦的忍耐力？一个能自如地把这些想法翻来覆去的人，确实充满了快乐，但这并不快乐。这正是我希望你所拥有的一种快乐，因为一旦你拥有了这种快乐的源泉，它将永远不会枯竭。

——塞涅卡，《道德书简》, 23.4

每当赫拉克利特出现在公众面前时，他都会流泪，但德谟克利特会笑。一个把一切看成是一连串的不幸，另一个却看成是一连串的蠢事。因此，我们应该以更轻松的眼光看待事物，以轻松的心态去承受它们，因为嘲笑生活比哀叹生活更有人情味。

——塞涅卡，《论心灵的宁静》, 15.2

5月21日　我能否承受击打并待在拳击场中?

清晨反省

_____

_____

_____

_____

夜晚反思

_____

_____

_____

_____

5月22日　此时此地,我能成为一个好人吗?

清晨反省

_____

_____

_____

_____

夜晚反思

_____

_____

_____

_____

5月23日 此时此地，我能开始生活吗?

清晨反省

_____

_____

_____

夜晚反思

_____

_____

_____

_____

5月24日 我如何创造自己的好运?

清晨反省

_____

_____

_____

夜晚反思

_____

_____

_____

_____

5月25日　哪类无私的事能带给我快乐?

清晨反省

夜晚反思

5月26日　我不再关心别人怎么想, 会如何呢?

清晨反省

夜晚反思

5月27日　什么样的小事我该担心呢?

清晨反省

夜晚反思

从上往下看

逃离日常生活的琐碎和担忧，需要拿出些时间做件事，斯多葛学派哲学家称之为"从上往下看"。马可·奥勒留提醒自己定期这么做。他从赫拉克利特那里学到，世间万物都在不断变化，而记住这点能减少许许多多的压力和疑虑。本周，不要只在近处观察正在处理的事，也要试着从远处看。对于你的问题、担忧和困扰，试着从另一个更大的视角观察它们的样子。

柏拉图说得真好啊。无论何时，只要你想议论他人，最好的方法就是采取鸟瞰的视角，刹那间，万物皆收眼底：集会、军队、农田、婚配离合、出生死亡、嘈杂的法庭或安静的空间、所有异国人、节假日、纪念仪式、市井。万物混杂，对立依存。

——马可·奥勒留，《沉思录》, 7.48

仰望在空中运行的星辰，想象自己与星辰一同奔跑。时常想想元素的变化，变为彼此，因为这样的想法，能洗净俗世生活的尘埃。

——马可·奥勒留，《沉思录》, 7.47

宇宙秩序，对万物皆同，既非由神创造，也非由人创造，而是向来如此，也永远如此。它是一团永恒之火，按一定的尺度燃烧，也按一定的尺度熄灭。

——赫拉克利特
[引述自亚历山大的克莱门（Clement of Alexandria）]

5月28日 在行动之前，我该想些什么?

清晨反省

夜晚反思

5月29日 做什么样的事滋润我的内心?

清晨反省

夜晚反思

5月30日　我的努力是对的吗?

清晨反省

_____

_____

_____

夜晚反思

_____

_____

_____

5月31日　若我的天职是做个好人,那我做得好不好呢?

清晨反省

_____

_____

_____

夜晚反思

_____

_____

_____

6月1日 我的头脑中，凡事都有"备份选项"吗?

清晨反省

夜晚反思

6月2日 我在哪个地方因小失大了?

清晨反省

夜晚反思

6月3日 我的备用计划另有备用计划吗？

清晨反省

夜晚反思

追随榜样

领养孩子在罗马社会很常见，尤其是参议院人员，也是皇位继承的规定。马可·奥勒留就是皇帝安东尼的养子，而安东尼是皇帝哈德良的养子，这样，马可有朝一日会继承他们的皇位。虽然塞涅卡从未被领养，但他的兄弟诺瓦图斯被领养了，后来成了《新约》中拒绝指责圣徒保罗（Saint Paul）的"迦流"（圣经中不过问自己职权范围以外事务的官员——译者注）。然而，塞涅卡恰恰反观自己没被领养这件事，他说：我们总是可以选择做谁的子女。于他而言，加图，也就是那位杰出又果敢、为维护罗马共和国责骂尤利乌斯·恺撒的加图，一直存在于他的内心。马可·奥勒留的第一本《沉思录》中，罗列了他学习的所有人以及从这些人身上学到的教训。本周，思索你能追随的榜样，也就是能以之为镜衡量自己的、充满智慧又可钦佩之人。

> 我们喜欢说一个人无法选择父母，这都是偶然，但是，我们能选择想做谁的子弟。
>
> ——塞涅卡，《论生命的短暂》，15.3a

> 即将踏入歧路之时，若有人从旁见证，人们就能消除多数罪孽。心灵要有可敬重之人，其榜样能让"心灵之密室"更加神圣不可侵犯。幸福属于能让他人进步的人，不仅在当时，而且还留存于他人的思想中！
>
> ——塞涅卡，《道德书简》，11.9

6月4日　我有没有意识到自己可以有多坚强？

清晨反省

_____

_____

_____

_____

夜晚反思

_____

_____

_____

_____

6月5日　我能尽可能自己承受伤痛而不找别人帮忙吗？

清晨反省

_____

_____

_____

_____

夜晚反思

_____

_____

_____

_____

6月6日　此时该坚持还是放弃?

清晨反省

_____

_____

_____

_____

夜晚反思

_____

_____

_____

_____

6月7日　我追寻什么样的导师,是活着的还是死去的?

清晨反省

_____

_____

_____

_____

夜晚反思

_____

_____

_____

_____

6月8日 我若耐心做事，一步一步来，能战胜什么呢?

清晨反省

夜晚反思

6月9日 当下我需要把什么消灭于萌芽状态?

清晨反省

夜晚反思

6月10日　若别人够坚强、能做到，为何我不能呢？

清晨反省

夜晚反思

试试另一个把手

爱比克泰德在他的《指南》中提出了一个强大的工具，斯多葛学派哲学家在面对难事做决策时，用它来练习。爱比克泰德说，万事万物皆有两种阐释，或者说，有两个把手：一个让它更难，一个则更易。你觉得对方冒犯了你？还是专注于一致之处？你专注于所有出错的地方吗？还是专注于所有做对的地方？本周，就自己看到、感受到的一切，问问自己这些问题，确定你抓对了把手。

> 每件事都有两个把手，抓着一个能提起来，另一个则提不起来。若你兄弟错怪了你，别抓着他的错误不放，因为这个把手无法把它提起来。反过来，去抓另一个：他是你兄弟，你们一起长大，那么，你就抓住了能提起它的把手。
>
> ——爱比克泰德，《指南》, 43

> 不，当另一个人有能力控制或阻止它们时——正是这些事件引起的恐惧，那个人就能激发恐惧。堡垒是如何被摧毁的？不是靠铁或火，而是靠判断……我们必须从这里开始，必须从这条战线上夺取堡垒，赶走暴君。
>
> ——爱比克泰德，《谈话录》, 4.1.85-86；87a

6月11日　有多少次，愤怒比愤怒的起因更具破坏力？

清晨反省

夜晚反思

6月12日　我在学着适应吗？

清晨反省

夜晚反思

6月13日　我在生活这场竞赛中尽职尽责还是玩忽职守?

清晨反省

夜晚反思

6月14日　关于这点，我抓对把手了吗?

清晨反省

夜晚反思

6月15日　今天我能少说多听吗?

清晨反省

_____

_____

_____

夜晚反思

_____

_____

_____

_____

6月16日　我在什么地方需要帮助? 可以找谁帮忙?

清晨反省

_____

_____

_____

夜晚反思

_____

_____

_____

6月17日　对我的机遇或运气，我到底在责怪什么？

清晨反省

夜晚反思

去散散步

塞涅卡认为我们应常去散散步，因为不停地工作有害身心健康。[作为作家，他一定会同意小说家海伦·邓莫尔（Helen Dunmore）的话："往往去散个长长的步，写作遇到的问题就能迎刃而解。"] 本周，好好散散步，把迟钝和虚弱都散发掉。欣赏风景，欣赏与工作的疏离。让散步成为你清晨和傍晚日常书写的一部分。回来时，精神振奋，准备好写日记，并追随你所理解的哲学。你以为这只是"小憩"，其实散步回来时，你会比出发前聪明，头脑也变清醒。

应该去户外散散步，这样可以给头脑补充营养，户外空气和深呼吸能使人头脑清醒。

——塞涅卡，《论心灵的宁静》, 17.8

与自然和谐相处，度过这段短暂的时光，然后优雅地去到最终的安息地，就如一颗熟了的橄榄落地，赞扬着滋养它的那片土地，对给予它成长的那棵树，也心怀感恩。

——马可·奥勒留，《沉思录》, 4.48.2

大脑必须得到放松，好好休息之后，它会变得更好、更敏锐。就像肥沃的土地不能强迫耕种一样，如果不给它们一个休息的机会，很快就会失去肥力，因此，在铁砧上不停地工作会破坏思想的力量。但如果释放和放松一段时间，它就会重新获得力量。不断的工作使理性的灵魂变得迟钝和虚弱。

——塞涅卡，《论心灵的宁静》, 17.5

6月18日　我做好准备了吗，我可以吗?

清晨反省

夜晚反思

6月19日　我怎样更好地活在当下?

清晨反省

夜晚反思

6月20日 整个屋里,我是内心平静的那个,还是那个需要平静的?

清晨反省

_____

_____

_____

_____

夜晚反思

_____

_____

_____

_____

6月21日 今天我怎样让头脑清醒?

清晨反省

_____

_____

_____

_____

夜晚反思

_____

_____

_____

_____

6月22日　我真的在失败中学到教训了吗?

清晨反省

_____

_____

_____

_____

夜晚反思

_____

_____

_____

_____

6月23日　我在自己的路上,置身何处?

清晨反省

_____

_____

_____

_____

夜晚反思

_____

_____

_____

_____

6月24日　与别人争论、吵架，我真的需要吗？

清晨反省

夜晚反思

第 26 周

障碍即路

生活中免不了障碍。即便最强大、最幸运的人，也免不了这一事实，但借助斯多葛哲学，手中便掌握了一个超级大国，在这个大国中，我们的目标、意图和态度都能随机应变，找到出路。对此，斯多葛哲学中有一个词"hupexhairesis"，意思是行动时要有"保留条款"或"逆向条款"，这样能让我们重新思考，制订一套新的行动计划。马可·奥勒留说，任何障碍其实都能成为新目标的原材料！你正面对的障碍，怎样能开辟出一条新路呢？

> 虽然的确有人能阻止我们做事，但阻止不了我们的志向和态度，而志向和态度具有依条件而变、适应能力强的力量。因为心灵可以适应和转变任何障碍，将其变为获得成功的方法。如此，行动的障碍变为前进的行动。路上的障碍也就成了路。

——马可·奥勒留，《沉思录》，5.20

> 正如理性事物的本质赋予每个人理性的权力一样，它也给予我们这种权力，正如自然将任何障碍或反对变成它自己的目的，将它置于预定的秩序中，并将它联合起来，所以任何一个理性的人都能将任何障碍转化成他们自己目的的原材料。

——马可·奥勒留，《沉思录》，8.35

> 你须一步一步地创造生活，若满足于每一步都尽可能完成目标，当然没人能阻止你。但外部会出现某种阻碍！或许吧，但阻挡不了正义、自制和明智的做法。但倘若做法中的某个环节遇阻怎么办呢？愉快地接受这个阻碍，然后转移注意力，转到所给予的东西上去，另一个做法立即就会出现，而这个做法更适合你正在创造的生活。

——马可·奥勒留，《沉思录》，8.32

6月25日 我是否在期待可能之事，而不只是想要的东西？

清晨反省

_____

_____

_____

夜晚反思

_____

_____

_____

_____

6月26日 我做什么总失败？反过来试试，又会如何呢？

清晨反省

_____

_____

_____

夜晚反思

_____

_____

_____

6月27日　这个困境要告诉我什么呢？

清晨反省

夜晚反思

6月28日　什么事能让我不再自责呢？

清晨反省

夜晚反思

6月29日 什么事能让我不再找借口呢?

清晨反省

夜晚反思

6月30日 我能把这个阻碍变成机遇吗?

清晨反省

夜晚反思

7月1日　作为斯多葛派，我该做什么？

清晨反省

夜晚反思

第 27 周

保护自己的良知

　　穆索尼乌斯·鲁弗斯是爱比克泰德的一位老师，他认为善良是人的本性，或者用他的话说，就是有美德的倾向。是我们的选择决定了良知存在与否。我们本质上不是坏人，尽管有时可能会做坏事。斯多葛哲学的目的是提醒我们的良知，并帮助我们努力保护它。花点时间写下这周你可以做的选择——你可以采取的行动，并完成这些事。

　　在你所做的一切事情中都要保护自己的良知，并且就其他事情而言，你要尽可能合理地利用别人给你的东西。如果不这样做，你就会倒霉，容易失败，受到阻挠和妨碍。

——爱比克泰德，《谈话录》, 4.3.11

　　挖掘你的内心深处，因为只要你不断挖掘，就会有一座善良之泉随时准备喷涌而出。

——马可·奥勒留，《沉思录》, 7.59

7月2日 我要规避更大风险应做的选择是什么？

清晨反省

夜晚反思

7月3日 如果我看到的是机遇而不是责任呢？

清晨反省

夜晚反思

7月4日　我会让美德之火一直燃烧吗?

清晨反省

夜晚反思

7月5日　我做的事光荣吗?

清晨反省

夜晚反思

7月6日　我是在拖延时间还是在专心做我的本职工作?

清晨反省

夜晚反思

7月7日　我能表现出奥德修斯般的决心和毅力吗?

清晨反省

夜晚反思

7月8日　我可以为哪些痛苦的事情承担责任?

清晨反省

夜晚反思

不要寻求"第三件事"

斯多葛学派哲学家告诉我们，做得好是对自己的奖赏。做正确的事，并看到别人从中得到帮助，就足够了。到处去期待别人的感谢，也就是马可·奥勒留所说的"第三件事"，是最重要的吗？那就太贪心了。"记分"，不仅没有达到良好的目的，而且是愚蠢的。会让你失望。如果你要做一些会计工作，就需要从另一个方向看。有多少人帮助过我们？我们又欠他们什么？本周，考虑如何清理你的旧账，并思索关于"原谅别人对你的亏欠"的任何想法。

第一种人，一旦善待别人，就会立刻期待对方回报。另一种人就没那么快了，但仍然认为那个人是债务人并应该意识到恩惠。第三种人，像是没有意识到这一点一样，感觉就像葡萄藤在没有别的要求下结了一串葡萄，或像一匹马跑完比赛，一条狗陪主人散完步，一只蜜蜂默默酿完蜜一样。这样的人，做了一件好事，不会在屋顶上大喊大叫，而只是继续做下一件事情，就像葡萄树在对的季节结出了另一串葡萄一样。

——马可·奥勒留，《沉思录》, 5.6

当你做得很好而别人也从中受益时，为什么要像个傻瓜一样在皇冠上加冕呢，也就是指望别人称赞你的善行或回报你的恩惠呢？

——马可·奥勒留，《沉思录》, 7.73

7月9日 我是在哲学家的道路上，还是在即兴表演？

清晨反省

夜晚反思

7月10日 我是否专注于我的职业？

清晨反省

夜晚反思

7月11日　今天我该如何提高自己?

清晨反省

夜晚反思

7月12日　什么准则支配着我的行为?

清晨反省

夜晚反思

7月13日　我准备好成为一个领导者了吗？准备好做我的工作了吗？

清晨反省

夜晚反思

7月14日　我是变得更谦虚了还是不那么谦虚了？

清晨反省

夜晚反思

7月15日　我能做正确的事情吗——即使没有奖赏承诺？

清晨反省

夜晚反思

第 29 周

以温柔代替愤怒

很容易想象马可·奥勒留发脾气。他的责任是巨大的，他的工作需要他与许多令人懊恼的、难以相处的人一起工作。正因如此，他对愤怒的问题有着敏锐的感觉，他知道它会产生多么适得其反的效果，会让使用者多么痛苦。他经常重复一个简单的练习，目的是通过用温和代替愤怒来保持对他人的善意。我们不能让自己放弃善意，必须提醒自己，没有人愿意犯错误。这周，每次感觉愤怒时，想想马可，看看如何用温和的态度来代替，并把这些例子写下来。

> 当你沿着理性的道路前进时，有人会挡住你的去路。但他们永远不能阻止你做对的事，所以不要让他们破坏你对他们的善意。在这两个方面都要保持警惕，不仅要有充分的判断和行动，而且要温和地对待那些阻碍我们前进或制造困难的人。因为生气也是一种弱点，就像放弃做事或在恐慌中投降一样。
>
> ——马可·奥勒留，《沉思录》，11.9

> 正如柏拉图所说，每个灵魂都会迫不得已地接触不到真理。同样，也接触不到正义、自我控制、对他人的善意以及所有类似美德。你必须时刻记住这一点，因为这会让你对所有人温柔以待。
>
> ——马可·奥勒留，《沉思录》，7.63

> 当你感觉突然怒从心起，要时刻想着：暴怒并非男子汉气概的表现。相反，彬彬有礼和文明客气更能体现作为人的素养，因此也更具男子气概。一个真正的男人不会对怒气和不满听之任之，这样的人有力量、勇气和忍耐力……
>
> ——马可·奥勒留，《沉思录》，11.18.5b

7月16日　我承诺提供什么服务？

清晨反省

夜晚反思

7月17日　我在哪里抛弃了别人？

清晨反省

夜晚反思

7月18日　我能管好自己的事而不被别人打扰吗?

清晨反省

_____

_____

_____

_____

夜晚反思

_____

_____

_____

7月19日　宽恕是什么感觉?

清晨反省

_____

_____

_____

夜晚反思

_____

_____

_____

7月20日　我是否公正?

清晨反省

夜晚反思

7月21日　我怎样才能更好地与他人合作?

清晨反省

夜晚反思

7月22日　我的行为是高尚的还是不情愿的？

清晨反省

夜晚反思

时常验证"新闻"报道

即使是古人也觉得四周泛滥着流言和新闻。本周你将面临他们无法想象的接二连三的打击——从短信、电话、电子邮件到全天候新闻媒介无休止的折磨。不要回应每一个状态更新、紧急电话或最新的煽动性新闻故事，花点时间来回忆一下斯多葛学派在当下时刻专注于自己的目标和职责的三种方式：（1）远离噪声。（2）记住，任何新闻都不能使你偏离当前选择的目的。（3）不要在散播中加入负面（或正面）内容。

你会因爆炸性新闻分心吗？花点空闲时间学点好的东西，别再蹦蹦跳跳了。但是，当你这样做的时候，请记住另一个错误，那就是被自我控制弄得心烦意乱，把自己搞得筋疲力尽，失去了一个可以引导你的冲动和思想的目标。

——马可·奥勒留，《沉思录》, 2.7

每当你听到令人不安的消息时，请记住，任何消息都不可能与你的理性选择有关。有人能够突然告诉你，你的假设或愿望是错误的吗？不可能！但是他们告诉你有人死了，即使这样，与你又有什么关系呢？

——爱比克泰德，《谈话录》, 3.18.1-2

最初的印象告诉你多少，就是多少，不要自己添枝加叶。据说，有人在说你的坏话。这是据说，并不是说你受到了伤害。我发现我的儿子病了，但并非说他有生命危险。所以，永远记住你最初的印象，不要在脑海中添枝加叶，这样你就不会发生什么事。

——马可·奥勒留，《沉思录》, 8.49

7月23日 我怎样才能确信这些东西没有冲昏我的头脑，好的和坏的?

清晨反省

夜晚反思

7月24日 当我收到令人不安的消息时，我可以保持冷静吗?

清晨反省

夜晚反思

7月25日　我在哪里让工作降低了我的生活质量？

清晨反省

夜晚反思

7月26日　我在哪里可以改进？如何改进？

清晨反省

夜晚反思

7月27日　什么比美德更好？

清晨反省

_____

_____

_____

_____

夜晚反思

_____

_____

_____

_____

7月28日　我有什么特权？我要用它做什么？

清晨反省

_____

_____

_____

_____

夜晚反思

_____

_____

_____

_____

7月29日　我在哪里可以找到自信?

清晨反省

_____

_____

_____

夜晚反思

_____

_____

_____

∽∞

_____

_____

_____

_____

_____

_____

_____

第31周

一周不抱怨

　　爱比克泰德经常对他的学生说，要放弃责备和抱怨。事实上，他认为这是衡量生活艺术进步的主要标准之一。生命中有多少时间浪费在相互指责上？抱怨曾经解决过一个问题吗？马可·奥勒留会说，"那就怪你自己，或者谁也不要怪。"本周，试着用建设性的反馈代替抱怨，用责任感代替责备。如果出了什么问题，花点时间反思一下真正的原因是什么。不要把时间浪费在抱怨上，不管是在日记里还是大声抱怨。

　　你必须停止责备上帝，不要责备任何人。你必须完全控制你的欲望，把你的回应转移到你理性选择的范围内。你一定不要感到愤怒、怨恨、嫉妒或遗憾。

——爱比克泰德，《谈话录》，3.22.13

　　因为除了我理性的选择之外，没有任何东西能阻碍或伤害它，只有我理性的选择才能做到这一点。如果我们每次失败时都这样做，只责怪自己，只记得抱怨才会导致烦恼和不安，那么我以神的名义发誓，我们一定会取得进步。

——爱比克泰德，《谈话录》，3.19.2-3

　　但如果你只把属于你的东西当作自己的，而把属于别人的东西当作真正不属于你的，那么没有人能够强迫或阻止你，你将找不到任何人去责怪或指责，你将不会违背你的意愿，你将没有敌人，没有人会伤害你，因为任何伤害都不会伤害你。

——爱比克泰德，《指南》，1.3

7月30日　今天我能在目标、卓越和责任中寻找快乐吗?

清晨反省

夜晚反思

7月31日　我是否因为工作而忽视了个人生活?

清晨反省

夜晚反思

8月1日　我的理想主义在哪里阻碍我?

清晨反省

_____

_____

_____

_____

夜晚反思

_____

_____

_____

8月2日　我该如何应付我所面临的困境?

清晨反省

_____

_____

_____

_____

夜晚反思

_____

_____

_____

8月3日　我能充分利用我现在所处的环境吗？

清晨反省

夜晚反思

8月4日　今天我怎样才能避免徒劳的情绪呢？

清晨反省

夜晚反思

8月5日　今天我能保持沉默吗？

清晨反省

夜晚反思

你能找到什么小胜利

基提翁的芝诺是一位腓尼基商人，他在一场海难后，在集市的彩绘门廊上（stoa poikile）创办了斯多葛学派。他说幸福是很小的一步。虽然斯多葛学派相信人是完美的，但他们知道实现这种潜能的道路上有很多障碍。所以他们会对我们今天文化中所谓史诗般的胜利和量子跃进持怀疑态度。反过来，他们会敦促你专注日常职责，致力于日益进步。本周，书写时思考你能获得的小成就，你能从这个或那个改进中获得什么小收获，在这里还是在那里做出一个决定。对每一小步都感到满足。继续前进，不要放弃。

现在就按照自然的要求去做吧。如果在你的能力范围内，那就直接去做。不要东张西望看人们是否会知道这件事。不要等待柏拉图《理想国》的完美，而是要满足于哪怕是最小的进步，并且把结果看作是一件小事。

——马可·奥勒留，《沉思录》, 9.29

我们不会因为对追求完善自己感到绝望而放弃追求。

——爱比克泰德，《谈话录》, 1.2.37b

幸福是一小步一小步实现的，但的确无小事。

——芝诺，引自第欧根尼·拉尔修，《名哲言行录》, 7.1.26

8月6日　今天我能获得什么小小的进步？

清晨反省

夜晚反思

8月7日　无论环境多么恶劣，我都能生活得很好吗？

清晨反省

夜晚反思

8月8日 我今天能做的一件大事的最小一步是什么?

清晨反省

夜晚反思

8月9日 我今天可以使事情简单点、坦率点吗?

清晨反省

夜晚反思

8月10日　完美主义在何处阻碍了我？

清晨反省

_____

_____

_____

_____

夜晚反思

_____

_____

_____

_____

8月11日　我的习惯正在改观吗？

清晨反省

_____

_____

_____

_____

夜晚反思

_____

_____

_____

_____

8月12日　我把斯多葛哲学转变成我自己的实践了吗?

清晨反省

夜晚反思

第 33 周

不断问自己这个问题

我们在一周中做的和说的，很多都是完全不必要的。开会、物质财富、对抗、追求——毫无意义的干扰和问题。它们让我们远离宁静和目标。斯多葛学派通过问这个问题来消除这些诱惑和义务，就这个问题你应该在这周开始写日记。用它吧。在说话、表演或买东西之前，简单地问："有必要吗？"

据说，如果你想心平气和，就不要那么忙碌。但是，更好的说法难道不应该是，做你必须做的事，并按照为公共生活而创造的理性的要求去做吗？因为这不仅带来做几件事的内心平静，而且带来把它们做好的更大的平静。因为我们绝大多数的言行都是不必要的，所以把它们圈起来，会创造出充分的休闲和宁静。因此，我们不应该忘记在每一刻去问，这是一件不必要的事情吗？但我们不仅要限制不必要的行为，还要限制不必要的想法，这样不必要的行为就不会尾随其后。

——马可·奥勒留，《沉思录》，4.24

我在上船之前就遭遇了海难……这段旅程告诉我，我们拥有的东西有多少是不必要的，而且，我们可以轻易地决定在任何必要的时候摆脱这些东西，从不蒙受损失。

——塞涅卡，《道德书简》，87.1

8月13日　我可以提早解决哪些问题?

清晨反省

_____

_____

_____

_____

夜晚反思

_____

_____

_____

_____

8月14日　哲学会如何指导我今天的课程?

清晨反省

_____

_____

_____

_____

夜晚反思

_____

_____

_____

_____

8月15日 我今天所做的决定会基于切合实际的判断吗?

清晨反省

夜晚反思

8月16日 我该如何将今天的逆境转化为优势?

清晨反省

夜晚反思

8月17日　我可以一整天都不责怪别人吗？

清晨反省

夜晚反思

8月18日　我在哪方面可以更好地发挥我的优势？

清晨反省

夜晚反思

8月19日　哪些不重要的东西可以从我的生活中剔除？

清晨反省

夜晚反思

第 34 周

对未来的苦难说不

有多少次，我们让自己提前跳入痛苦之中。出于对这个的恐惧，出于对那个的绝望。当专注于渴望或逃避某个未来时，会让自己活在当下的痛苦中。罗德岛的希卡托是伟大的中古时期斯多葛学派学者帕那修斯（Panaetius）了不起的学生，他教导我们，这种痛苦总是与对想象中的未来结果的希望或恐惧联系在一起。塞涅卡本周以此提醒我们对两者说不，因为纵容它们会剥夺我们享受当下的能力。写日记时，不要去想未来，你希望会发生什么，你害怕什么，只关注现在。你现在在做什么，在想什么。

> 对灵魂来说，对未来感到焦虑和在痛苦来临之前感到痛苦是毁灭性的，被焦虑所吞噬但又渴望的情绪可能会一直保持直到生命的尽头。这样的灵魂永远不会安宁，因为渴望未来，它会失去享受当下的能力。
>
> ——塞涅卡，《道德书简》, 98.5b-6a

> 但如果让恐惧主导了我们，我们就没有理由活下去，我们的痛苦也没有极限。
>
> ——塞涅卡，《道德书简》, 13.12b

> 希卡托说："不再希望，你就不再会恐惧"……这两种弊病的主要原因是，我们没有让自己适应当前的环境，而是把想法放得太远了。
>
> ——塞涅卡，《道德书简》, 5.7b-8

8月20日　我的灵魂装扮得如何？

清晨反省

夜晚反思

8月21日　如果我不再担心未来，而是享受现在呢？

清晨反省

夜晚反思

8月22日　什么小事能让我不出汗?

清晨反省

夜晚反思

8月23日　我在哪方面会有太多的好事情?

清晨反省

夜晚反思

8月24日　我能从别人身上学到什么，即使是我不喜欢的人？

清晨反省

夜晚反思

8月25日　我今天可以开辟什么新的道路？

清晨反省

夜晚反思

8月26日　我可以提前预测哪些潜在的损失?

清晨反省

夜晚反思

第 35 周

治疗拖延症的方法

在斯多葛学派哲学家看来，拖延几乎是一种错觉和权利。谁能说你下个月或下个星期还能来处理这件事？如果事情很重要，他们会说，不要等。现在，做你能做的。正如塞涅卡所说，如果需要做这件事，就要"勇敢而迅速地"去做。拖延似乎让事情变得更容易，但它却让我们陷入一种低级的、痛苦的焦虑状态。这周你想这样过吗？或者随便哪一周？你的上周吗？问问自己：我在逃避什么？我今天能做什么而不是明天？我现在能迅速勇敢地做些什么呢？

任何必须做的事情，美德都可以用勇气和敏捷来完成。因为如果一个人带着懒惰和不情愿的精神去进行一项任务，或者把身体推向一个方向，把思想推向另一个方向，却被截然不同的冲动所撕裂，任何人都会认为这是愚蠢的表现。

——塞涅卡，《道德书简》，74.31b-32

这是性格完美的标志——把每一天都当作生命的最后一天来度过，不要狂躁、懒惰或任何伪装。

——马可·奥勒留，《沉思录》，7.69

你配什么，就得到什么。你没有在今天做个好人，而是选择明天再做。

——马可·奥勒留，《沉思录》，8.22

8月27日　我在哪里可以学会笑而不是哭？

清晨反省

_____

_____

_____

_____

夜晚反思

_____

_____

_____

8月28日　什么奢侈品我不需要但我可以使用？

清晨反省

_____

_____

_____

_____

夜晚反思

_____

_____

_____

8月29日　我今天要消除什么？

清晨反省

夜晚反思

8月30日　我能满怀勇气和信心完成今天的任务吗？

清晨反省

夜晚反思

8月31日　我在什么地方错待别人了?

清晨反省

_____

_____

_____

夜晚反思

_____

_____

_____

9月1日　我在努力使我的灵魂比任何财富都要强大吗?

清晨反省

_____

_____

_____

夜晚反思

_____

_____

_____

9月2日 对你来说，斯多葛哲学最痛苦的是什么？

清晨反省

夜晚反思

第 36 周

艰苦的冬季训练

生活的艺术有三个层次：学习、实践和艰苦训练。阅读斯多葛学派的著作，就是学习。尝试这些经验教训并在日记中加以反思，就是实践。剩下的就是艰苦的训练。爱比克泰德喜欢拿罗马军队冬季几个月的艰苦训练来作类比，这样当他们在春天回到战场时就能准备好迎接任何挑战。塞涅卡每个月都会花时间让自己接触比平时更艰苦的环境。他也用了一个军事比喻，指的是士兵们被分配了繁重的工作，以便在敌人最终到来时变得强大。本周你要做什么来让自己超越单纯的学习和实践？

我们必须进行艰苦的冬季训练，不要仓促进行我们没有准备的事情。

——爱比克泰德，《谈话录》，1.2.32

这是一个考验你心智勇气的课程：花一周的时间，只吃最劣质、最便宜的食物，衣着寒酸，问问自己这是不是你所担心的最糟糕的情况。只有当时机好的时候，你才应该为未来的艰难时刻做好准备，因为当运气好的时候，灵魂才能建立起防御，抵御蹂躏。所以，士兵们在和平时期进行演习，在看不到敌人的情况下建造掩体，在没有受到攻击的情况下使自己筋疲力尽，这样，当战争来临的时候，他们就不会感到疲倦了。

——塞涅卡，《道德书简》，18.5-6

当你面临挑战时，请记住，上帝正在为你安排一位年轻的陪练员，就像一位体能教练一样。为什么？需要流汗才能成为奥运选手！我认为没有人比你的挑战更有挑战性，只要你像运动员一样使用它，就像那个年轻的陪练员一样。

——爱比克泰德，《谈话录》，1.24.1-2

9月3日 我如何在休赛期为即将到来的比赛做准备?

清晨反省

夜晚反思

9月4日 我怎样才能把这些困难看作是一次训练和考验呢?

清晨反省

夜晚反思

9月5日　什么才是真正属于我的？

清晨反省

夜晚反思

9月6日　如果我失去了自由，会让我崩溃吗？

清晨反省

夜晚反思

9月7日　今天我将如何运用选择的力量?

清晨反省

夜晚反思

9月8日　我为我的泡沫即将破裂做好准备了吗?

清晨反省

夜晚反思

9月9日 我该控制我的恐惧，还是让它们控制我？

清晨反省

夜晚反思

第 37 周

祈祷的新方式

我们常常为渴望的东西祈祷，在此过程中，我们可以从中解脱出来。我们希望上天会神奇地赐予我们想要的结果——无论是升职还是爱人早日康复。斯多葛学派哲学家会劝你别再这么做。马可·奥勒留提醒自己，不要向众神提出享乐或舒适的要求，而要寻求不需要这些东西的帮助。从某种意义上说，他其实是在要求内心的力量。他在问自己。想想所有你想要的东西，你在祈祷或希望这一周发生的事情，试着像那样改变它们。看看你能想出什么。

试着用不同的方式祈祷，看看会发生什么：与其问"和她上床的方法"，不如试着问"停止想和她上床的方法"。不要问"除去他的方法"，试着问"渴望他不死的方法"。不要问"怎样才能不失去我的孩子"，而应该说"怎样才能消除我丢失孩子的恐惧"。

——马可·奥勒留，《沉思录》, 9.40（6）

我们向万能的神哭诉，如何才能摆脱这种痛苦？傻瓜，你没有双手吗？还是神忘了给你？要么坐好，祈祷鼻涕不要流出来！要么自己擦掉，不要再找人替你擦。

——爱比克泰德，《谈话录》, 2.16.13

但我从来没有被我的意志所阻碍，也没有被它所强迫。这怎么可能呢？我已把我的选择与上帝的意志联系在一起。上帝要我生病，这是我的意愿。他希望我有所选择，我也一样。他希望我有所追求，或赐予我一些东西，我也希望如此。上帝不愿做的事，我也不愿做。

——爱比克泰德，《谈话录》, 4.1.89

9月10日　我该如何防备我所担心的损失?

清晨反省

夜晚反思

9月11日　我今天能做些什么呢?

清晨反省

夜晚反思

9月12日　我在哪里装腔作势?

清晨反省

夜晚反思

9月13日　我内心的堡垒有多坚固?

清晨反省

夜晚反思

9月14日　你在祈祷还是在乞求？

清晨反省

夜晚反思

9月15日　在"滋滋作响的牛排"中，你是"滋滋作响"还是"牛排"？

清晨反省

夜晚反思

9月16日　我能战胜今天的灾难和恐慌吗?

清晨反省

夜晚反思

论应对仇恨者

斯多葛学派认为善良胜过仇恨。他们认为，那些怀有仇恨的人是一种破坏性激情的囚徒，这种激情伤害的是本人，而不是目标。没有理由去恨一个仇恨者；他们已经忍受得够多了。事实上，当你这样看待他们的时候，你会更容易变得善良、和蔼、真诚和有益。还记得《圣经》里的那句话吗，爱你的敌人，就像倒在他们身上滚烫的煤块，因为这太出乎意料了。这周你能给谁一个像那样的惊喜？你能以仁慈和同情来对付谁的敌意？你觉得这样做有多好？

如果有人蔑视我怎么办？让他们蔑视吧。但我要确保我不会被发现做或说任何可鄙的事。如果有人恨我怎么办？让他们恨我吧。但我要确保自己对所有人都是善良的、和善的，甚至准备让讨厌我的人知道他们哪里做错了。不是以批判的方式，也不是为了炫耀我的耐心，而是真诚而有益的。

——马可·奥勒留，《沉思录》, 11.13

善良是无敌的，但只有在它真诚时，容不得丝毫的伪饰或虚假。因为纵使最恶毒的人，倘若你一直善良相待，若有可能，就在他试图伤害你的时候，你温和地指出他错在哪里，他会做什么呢？

——马可·奥勒留，《沉思录》, 11.18.5.9a

记住，并不是那个人成心针对你而扬起巴掌伤了你，而是这个伤害源自你自身对辱骂的看法。因此，有人惹怒你时，要清楚，其实是你自己的成见，点燃了怒火。反过来，控制自己的第一反应，不因那样的成见失去自制力，因为有了时间和距离，自制力更易获得。

——爱比克泰德，《指南》, 20

9月17日 我能拒绝向仇恨者屈服，并且不以怨报怨吗？

清晨反省

夜晚反思

9月18日 我能让生活的痛苦过去而不增加痛苦吗？

清晨反省

夜晚反思

9月19日　我有足够的灵活性来改变我的想法并接受反馈吗?

清晨反省

夜晚反思

9月20日　我对意外袭击的准备程度如何?

清晨反省

夜晚反思

9月21日　我能保持生活的节奏吗?

清晨反省

夜晚反思

9月22日　今天的困难将如何显示我的品格?

清晨反省

夜晚反思

9月23日　我的训练进展如何?

清晨反省

夜晚反思

第 39 周

恐慌是自我伤害

举一个恐慌让人进步的例子。去吧，如果你有的话就写下来！塞涅卡在他的信件和文章中经常思考恐慌的问题。恐慌会带来危险并限制我们有效运作的能力。它阻止我们取得成功和客观地看待问题。更糟糕的是，会让我们随着时间的推移变得更加虚弱，因为我们从未真正面对过如此担心的危险。想想那些会让你恐慌的可怕的事情。想想有什么难以承受的。来理解一下它们。去熟悉一下它们。

因为即使是和平本身也会提供更多的担忧理由。即使是安全的环境，一旦你的大脑受到惊吓，也不会给你带来信心，一旦它养成盲目恐慌的习惯，它就不能保证自己的安全。因为它并没有真正避免危险，只是在逃避。然而，我们背负着更大的危险。

——塞涅卡，《道德书简》, 104.10b

成功属于卑微的人，属于没有天赋的人，但伟人的特殊特质是战胜人类生活中的灾难和恐慌。

——塞涅卡，《论天命》, 4.1

没有准备的人会被最小的事情吓倒。

——塞涅卡，《道德书简》, 107.4

9月24日　我想过所有可能发生的事情吗?

清晨反省

_____

_____

_____

_____

夜晚反思

_____

_____

_____

_____

9月25日　我是什么的奴隶?

清晨反省

_____

_____

_____

_____

夜晚反思

_____

_____

_____

_____

9月26日　空闲时间我可以用什么更充实的事情来填充？

清晨反省

夜晚反思

9月27日　荣耀和艰难分别揭示了我的什么？

清晨反省

夜晚反思

9月28日　我将如何应对今天发生的事情?

清晨反省

_____

_____

_____

夜晚反思

_____

_____

_____

_____

9月29日　我眼大肚子小?

清晨反省

_____

_____

_____

夜晚反思

_____

_____

_____

9月30日　我怎样才能加强我内心的堡垒？

清晨反省

夜晚反思

练习沉默

社交媒体教会我们要对每件事都有自己的看法。沉默召唤我们说话。我们生活在喧闹的文化中，试图通过提高嗓门来跟上这种文化。这给我们带来了多大的麻烦？如果花更多的时间倾听别人，而不是处处把自己的意见夹在中间，我们能学到多少？说过的话有多少是后悔的？真正响亮的其实是什么都不说。本周把你的想法写在这里，看看你能坚持多少。本周要勇于保持沉默，勇于管住自己的嘴巴。

宁可失足，不可失言。

——芝诺，引自第欧根尼·拉尔修，《名哲言行录》，7.1.26

芝诺对信口开河的少年说，"我们之所以有两只耳朵一张嘴，是为了多听少说。"

——第欧根尼·拉尔修，《名哲言行录》，7.1.23

小加图苦练能感染大众的公开演讲，认为恰当的政治哲学，就像所有伟大的城市一样，注重维持好看的环境。但人们从未见他在人前练习，也没人听见他排练演讲。有人告诉他，人们指责他沉默不语，他回道："幸好他们不指责我的生活。只有当我确定说好过不说时，我才开始说。"

——普鲁塔克，《小加图》，4

沉默是从生活的许多痛苦中吸取的教训。

——塞涅卡，《梯厄斯忒斯》，309

10月1日　我如何让我的美德在今天闪耀？

清晨反省

夜晚反思

10月2日　如果智慧是最宝贵的资产，我是如何投资它的呢？

清晨反省

夜晚反思

10月3日 我是否生活得像我们都是同一个整体的一部分?

清晨反省

夜晚反思

10月4日 我今天的行为对所有相关的人都有好处吗?

清晨反省

夜晚反思

10月5日　我说了什么本不该说的?

清晨反省

夜晚反思

10月6日　除了我自己,我还能支持谁?

清晨反省

夜晚反思

10月7日　为什么我做的坏事对我的伤害最大？

清晨反省

夜晚反思

第 41 周

实践爱

斯多葛学派认为，我们都是一个有机整体的一部分，由共同的兴趣和爱好联系在一起，这种观念比黄金法则更伟大。你希望别人怎样对待你，你就怎样对待别人，因为我们是一体的。塞涅卡说，每当他遇到另一个人，他就会看到一个善良的机会。他从希卡托那里学到，如果你想被爱，只有一件事可以做：爱别人。本周你能给谁爱？你能发什么善心？你如何对陌生人、家人和朋友表达你的感受？你怎么能让他们相信我们是同一个整体的一部分？

希卡托说："如果你想被爱，我可以教你一种不需要任何毒品、药品或特殊咒语的爱情药剂，那就去爱吧。"

——塞涅卡，《道德书简》, 9.6

利益应该像埋藏的宝藏一样被保存起来，只有在必要时才会被挖掘出来……大自然要求我们善待所有人……哪里有人类，哪里就有善良的机会。

——塞涅卡，《论幸福生活》, 24.2-3

自然造就了我们这个大家庭，因为我们都来自同一个源头，都朝着同一个目标前进。大自然赐予我们彼此的爱，并把我们作为朋友联系在一起。

——塞涅卡，《道德书简》, 95.52

10月8日　有什么比智慧更令人愉悦?

清晨反省

_____

_____

_____

夜晚反思

_____

_____

_____

10月9日　我设定好标准了吗? 我正在使用它们吗?

清晨反省

_____

_____

_____

夜晚反思

_____

_____

_____

10月10日　关于坚持和抵制，我的原则告诉了我什么？

清晨反省

_____

_____

_____

_____

夜晚反思

_____

_____

_____

10月11日　诚实是我的"默认设置"吗？

清晨反省

_____

_____

_____

_____

夜晚反思

_____

_____

_____

_____

10月12日　与其寻求爱，我可以先给予爱吗？

清晨反省

_____

_____

_____

_____

夜晚反思

_____

_____

_____

10月13日　复仇会让一切变得更好吗？

清晨反省

_____

_____

_____

_____

夜晚反思

_____

_____

_____

10月14日　如果我没有生气，而是主动提供帮助呢？

清晨反省

夜晚反思

第 42 周

诚实是你唯一的原则

作为皇帝，马可·奥勒留并没有看到人性中最好的一面。在法庭上可能会有背后诽谤的行为，当人们看到一个提升自己、施以贪婪和欺骗的机会时，那些人会出卖他们的朋友。但他尤其不喜欢假装诚实。他的观点是：如果你必须得说"我要对你说实话"，你就会很随意地说，诚实是例外，而不是规则。这有多可悲？是时候考虑一下这些关于我们的小声明，并确保我们默认的策略是诚实和坦率。

当人们说他们打算"坦率地告诉你"的时候，这是多么的糟糕和欺诈。亲爱的朋友，你在忙什么？它不需要你的宣布，但很容易被看到，就像写在你的额头上，从你的声音中听到，在你的眼睛里一闪而过，就像爱人从自己的眼神中看到的那样。简而言之，正直善良的人应该像一只臭山羊，你知道他们什么时候和你在一个房间里。一句精心设计的"坦率地告诉你"就像一把匕首。没有什么比狼和羊做朋友更糟糕的了。坚决避免虚假的友谊。如果你品行良好、坦率、善良，就应该表现在你的眼睛里，而不是逃避别人的注意。

——马可·奥勒留，《沉思录》，11.15

向朋友表达爱意、庆祝他们的进步是与本性协调一致的，就好像这是我们自己的进步一样。因为如果我们不这样做，那美德只有运用我们的感知才能得到强化，也将不再存在于我们心中。

——塞涅卡，《道德书简》，109.15

10月15日　允许人们有疑惑吗?

清晨反省

夜晚反思

10月16日　我该如何分享这个让我受益良多的哲学呢?

清晨反省

夜晚反思

10月17日　我在哪里可以向别人表达善意？

清晨反省

夜晚反思

10月18日　我在避免虚假的友谊和坏的影响吗？

清晨反省

夜晚反思

10月19日　今天我可以用什么好习惯来驱除坏习惯呢？

清晨反省

_____

_____

_____

_____

夜晚反思

_____

_____

_____

_____

10月20日　我的原则在我的生活中表现出来了吗？

清晨反省

_____

_____

_____

_____

夜晚反思

_____

_____

_____

_____

10月21日　我能做正确的事而不关心信用吗?

清晨反省

夜晚反思

第 43 周

建起来，不要拆掉

还有比欺凌取巧占上风更糟糕的工作环境吗？有时，领导们似乎认为这是他们职责的一部分，他们在那里是为了规范和保持员工的一致性。事实上，贬低别人只会适其反。西雅图海鹰队教练皮特·卡罗尔提出了一个问题：如果自信对球员来说是如此重要，教练为什么要做任何事情来破坏它呢？马可·奥勒留手握大权，可以随意拿下任何人，但他几乎从来没有这样做过。相反，他提醒自己，最好使自己变成具有集体意识的、谦虚的、充分准备的和宽容他人的人。我们是为了彼此合作（协同作用）而生，使工作具有共同性（praxeis koinonikas apodidonai）。让我们想想接下来会发生什么：我们如何帮助他人建立自信？我们怎样才能在这样做的过程中发现自己呢？

> 所以说，有些人擅长击败对手，但这并不会让他们变得更有社会意识、更谦虚、对任何情况都有充分的准备，或者对他人的错误更宽容。
>
> ——马可·奥勒留，《沉思录》, 7.52

> 当你早上起床有困难时，提醒自己，你是为了和别人合作而生的……这是我们自己的自然目的，更合适，更令人满意。
>
> ——马可·奥勒留，《沉思录》, 8.12

10月22日　我真的进步了吗？还是我只是在追逐虚荣？

清晨反省

夜晚反思

10月23日　我在展示自己最好的品质吗？

清晨反省

夜晚反思

10月24日 我在自己的内心能找到什么美好? 我能让它浮出水面吗?

清晨反省

_____

_____

_____

_____

夜晚反思

_____

_____

_____

_____

10月25日 我这一生的任务是什么?

清晨反省

_____

_____

_____

_____

夜晚反思

_____

_____

_____

_____

10月26日　我的目标是自然的、道德的、理性的吗?

清晨反省

夜晚反思

10月27日　有什么不好的行为或选择会来困扰我?

清晨反省

夜晚反思

10月28日 我能做些什么来成为比我自己更伟大的事情的一部分？

清晨反省

夜晚反思

第 44 周

接受现实

雷茵霍尔德·尼布尔（Reinhold Niebuhr）的宁静祈祷是很多人的"曼怛罗"："上帝啊，赐我些安宁吧，好让我接受那些我改变不了的；赐我些勇气吧，好让我改变那些我能改变的；赐我些智慧吧，好让我知道这两者的区别。"斯多葛学派想要超越简单的"接受"现实，并想对现实感恩并快乐。爱比克泰德教导我们，当我们对要发生的事情而不是想要发生的满怀希望时，生活就会变得顺心顺意。马可补充说，我们应该怀着感激之情面对一切。不是"我所希望的是与之不同的，但我会容忍它"，而是"我很高兴它是这样发生的。这是最好的选择"。本周，试试接受现实。

> 不要期望每件事都能如你所愿发生，而是希望一切都按照实际发生的方式发生，这样你的生活就会过得很好。
>
> ——爱比克泰德，《指南》, 8

> 接受真正的教育意味着希望每件事都能如常发生。
>
> ——爱比克泰德，《谈话录》, 1.12.15

> 你只需要这些：当下明确地判断；当下为公共利益而行动；对当下出现在你生命中的一切都心怀感激。
>
> ——马可·奥勒留，《沉思录》, 9.6

10月29日　我如何改善我的性格?

清晨反省

夜晚反思

10月30日　我什么时候能找回自己，我会如何使用它?

清晨反省

夜晚反思

10月31日　你今天能行善行吗？

清晨反省

夜晚反思

11月1日　我能爱今天发生的一切吗？

清晨反省

夜晚反思

11月2日　我能做出自己的选择并接受一切吗？

清晨反省

_____

_____

_____

_____

夜晚反思

_____

_____

_____

_____

11月3日　这怎么可能就是我需要的呢？

清晨反省

_____

_____

_____

_____

夜晚反思

_____

_____

_____

_____

11月4日　改变真的那么糟糕吗？现状真的那么好吗？

清晨反省

夜晚反思

你真正的力量

有稍纵即逝的力量，也有真正的力量。稍纵即逝的力量可以被带走，而真正的力量蕴含在我们的思想和骨骼中。前者倾向于财富、名望、高地位，以及所有这些东西给予我们的优势。斯多葛学派哲学家认为，这种力量不如每个人所拥有的真正力量，即我们的思想可以根据事物的真正价值进行推理、判断和选择的力量。你也可以拥有这两种力量，但前提是你要让第一种力量服从于斯多葛学派所关心的那种力量。

这正是构成快乐之人的美德和顺畅生活的要素，当生活的事务在各个方面都是以个人的神圣精神和宇宙主宰的意志协调一致为基础的。

——克律西波斯，引自第欧根尼·拉尔修，《名哲言行录》，7.1.88

不要相信你的名声、金钱或地位，而要相信你自己的力量，也就是你对你能控制和不能控制的事情的判断。因为只有这样，我们才能获得自由和不受约束，才能从深渊抓住脖颈把我们拉上来，使我们与有钱有势的人对视。

——爱比克泰德，《谈话录》，3.26.34-35

最后你要明白，你的体内，除了唤起肉欲和令你如同牵线木偶的东西外，还蕴含着更强大、更神圣的力量。此刻，什么想法占据着我的心灵？难道不是恐惧、怀疑、欲望或类似的东西吗？

——马可·奥勒留，《沉思录》，12.19

11月5日　我的品格正在创造一种顺畅的生活吗?

清晨反省

_____

_____

_____

夜晚反思

_____

_____

_____

_____

11月6日　我准备好顺应命运和运气的品格了吗?

清晨反省

_____

_____

_____

夜晚反思

_____

_____

_____

_____

11月7日 你是在试图控制你自己，还是在控制别人?

清晨反省

_____

_____

_____

夜晚反思

_____

_____

_____

11月8日 我在生命中扮演什么角色?

清晨反省

_____

_____

_____

夜晚反思

_____

_____

_____

11月9日　什么原则将引导我穿越"转变的历程"?

清晨反省

_____

_____

_____

夜晚反思

_____

_____

_____

11月10日　当一切都过去了，还剩下些什么?

清晨反省

_____

_____

_____

夜晚反思

_____

_____

_____

11月11日　今天我能抹去什么错误的判断?

清晨反省

夜晚反思

评判自己，别评判他人

没有什么比"万事通"更缺乏哲理的了。对于那些宣称自己在知识或见识上具有优势，同时又利用自己的知识指责别人的错误的人，这个说法尤其正确。斯多葛学派认为，这样的行为是偏离了哲学的全部目的，哲学是自我修正的工具，灵魂的良药，而不是打击他人的武器。塞涅卡的信中两次使用了清除或消除我们错误的比喻。我们需要把自己看作是"在哲学原则的关照下"，或者，正如爱比克泰德后来在提到哲学家讲堂时所说，我们需要把它看作是自我治疗的医院。不要让自己在本周的日记里写下一条对别人的抱怨或对方的问题，把注意力集中在你的烦恼上。

> 当哲学被人傲慢和固执地运用时，便是许多人毁灭的原因。让哲学祛除你自己的缺点，而不是用它来指责别人的缺点。
>
> ——塞涅卡，《道德书简》, 103.4b-5a

> 有些有特殊头脑的人很快就能抓住美德，或将其导入自己的内心。但是，其他阴暗和懒惰类型的人，受到坏习惯的阻碍，必须不断地清洗他们生锈的灵魂……如果我们把弱者放在哲学原则的范畴下，他们的坏观点就会得到帮助，他们就会从坏观点中解脱出来。
>
> ——塞涅卡，《道德书简》, 95.36-37

> 男人啊，哲学家的讲堂是一所医院，你不应该是从里面走出来感到快乐，而应该是痛苦，因为你一进去就不舒服。
>
> ——爱比克泰德，《谈话录》, 3.23.30

11月12日　我今天能够承担一切责任吗?

清晨反省

夜晚反思

11月13日　抱怨有什么用?

清晨反省

夜晚反思

11月14日　我会在烦恼之上再添加消极的想法吗?

清晨反省

夜晚反思

11月15日　今天我会接受变化吗?

清晨反省

夜晚反思

11月16日　我能停止对某些结果的期望和恐惧吗？

清晨反省

夜晚反思

11月17日　我去评判别人真的合适吗？

清晨反省

夜晚反思

11月18日　我在践行优秀的斯多葛哲学思想吗?

清晨反省

夜晚反思

第 47 周

练习放手

当我们失去所爱的东西时，我们感到痛苦；失去所爱的人时，最为痛苦，这是生活中自然而不可避免的。斯多葛学派认为，这种痛苦是由于我们相信自己拥有所爱的对象，常言道，他们是"我们的一部分"。这种信念并不会增加我们对他们的爱心和关怀，而是一种执着的形式，忽略了一个简单的事实，即我们无法控制将要发生的事情，连自己的身体都控制不了，更不用说我们爱的人了。爱比克泰德教给我们一个强有力的练习：每当你向亲爱的孩子、家人或朋友道晚安时，请记住，这些人就像珍贵易碎的玻璃；睡觉时，请记住，世事无常。马可晚上给自己的家人盖被子时，也很难做到这一点。重点不是要显得病态，而是要创造一种欣赏感和一种谦卑感。本周不要把任何人，尤其是你爱的人视为理所当然。

> 当你经历失去某样东西的痛苦时，不要把它当成你自己的一部分，而是当成一个易碎的玻璃，所以当它掉下来时，你会记住它，并不会感到困扰。同样，当你亲吻你的孩子、兄弟姐妹或朋友时，不要把所有你可能希望的事情都置于最前面，而是要把它们放在后面并阻挡它们，就像那些站在胜利将军身后的人一样，要提醒他们，他们是凡人。同样地，提醒自己，你珍视的人不是你的财产，而现在的某样东西，也不会永远是你的东西。
>
> ——爱比克泰德，《谈话录》, 3.24.84-86a

> 但聪明的人不会失去任何东西。这样的人把所有的东西都储存起来留给自己，但不留任何财富，他们自己的东西是牢固的，是受道德约束的，不是偶然的，因此不能增加或减少。
>
> ——塞涅卡，《论智者的坚定》, 5.4

11月19日　我是否会接受现状并继续努力做好自己?

清晨反省

_____

_____

_____

夜晚反思

_____

_____

_____

11月20日　我在哪里可以找到永恒?

清晨反省

_____

_____

_____

夜晚反思

_____

_____

_____

11月21日　我如何才能过好当下的每一分钟?

清晨反省

夜晚反思

11月22日　我在非理性地害怕失去什么?

清晨反省

夜晚反思

11月23日 为什么我的选择如此有韧性和适应性？

清晨反省

夜晚反思

11月24日 我怎样才能把我所爱的人看作是礼物而不是财产呢？

清晨反省

夜晚反思

11月25日　更多的钱真的会让事情变得更好吗?

清晨反省

夜晚反思

第 48 周

每天平衡生活之书

　　我们写日记是为了收集记录生活中的经验、见解、挫折、意外、奋斗和成功等。在所有这一切中，我们正在对生活道路上所取得的进步进行估算。塞涅卡的岳父负责保管罗马粮仓里的账簿，他喜欢每天平衡生活之书的比喻。我们每天的动力应该是尽可能地完成事情，而不是推迟。为什么？因为我们永远不知道明天会发生什么。爱比克泰德也会告诉他的学生，重要的是他们已经开始：开始练习，学习，变得更好。这一周，为你正在进行的旅程表扬自己，并反思你已经走了多远（还有多远要走）。

　　我们做好思想准备吧，就好像我们已经走到生命的尽头。什么也不要推迟。每天平衡生活之书。生活最大的缺陷就是它总是不完美的，而且有一部分被推迟了。每天为自己的生活画上最后一笔的人，时间从不短缺。

——塞涅卡，《道德书简》, 101.7b-8a

　　相信我，专注自己生活的资产负债表，远远好于专注粮食市场的资产负债表。

——塞涅卡，《论生命的短暂》, 18.3b

　　我是你的老师，你现在在我的学校里学习。我的目标是带着你走向完整、不受妨碍、不受迫去做什么、不受限制、没有耻辱、自由、绽放、开心、大小事都询问神灵——你的目标是学习并勤奋练习所有这些内容。既然你有正确的目标，我也有正确的目标和合理的准备，那你为何不完成这个目标呢？漏掉了什么？……这个目标相当可行，而且是我们能力之内的唯一……放下过去的事情吧。我们必须得开始。相信我，你会明白的。

——爱比克泰德，《谈话录》, 2.19.29-34

11月26日　我还在用什么琐碎的比较来烦扰自己呢？

清晨反省

_____

_____

_____

_____

夜晚反思

_____

_____

_____

_____

11月27日　我能排除哪些不安的根源？

清晨反省

_____

_____

_____

_____

夜晚反思

_____

_____

_____

_____

11月28日　我还有什么困扰着我的事情没有倾吐？

清晨反省

_____

_____

_____

_____

夜晚反思

_____

_____

_____

_____

11月29日　我怎样才能少些焦虑也少些抱怨呢？

清晨反省

_____

_____

_____

_____

夜晚反思

_____

_____

_____

_____

11月30日　我准备好接受宇宙的引力了吗?

清晨反省

夜晚反思

12月1日　如果今天是我生命中的最后一天，我会怎么做?

清晨反省

夜晚反思

12月2日　我怎样才能让我的行动有意义？

清晨反省

夜晚反思

第 49 周

对时间要吝啬

我们最常听到的一句话是"生命是短暂的"。但正如塞涅卡所说，如果你知道如何利用生命，那它就是漫长的。那么，第一步是什么？不要把过多的时间给别人。吝惜时间是一种强大的锻炼，它可以防止我们浪费这种不可再生的资源。什么事情在你的生活中浪费了大量的时间却毫无意义？什么娱乐和欲望消耗了时间却没有给你任何好的回报？当你回顾这份清单时，要承诺做点什么。毕竟，生命是短暂的，你没有太多的空闲时间。

> 如果历史上所有的天才都把注意力集中在这一单一的主题上，他们永远无法充分表达对人类心灵黑暗的困惑。没有人愿意放弃哪怕一寸财产，与邻居哪怕是最轻微的争执也可能意味着地狱般的代价；然而，我们很容易让别人侵占我们的生活，更糟的是，我们常常为那些将要接管我们生活的人铺平道路。没有人会把钱给路人，但是我们每个人会把自己的生活分给多少人呢！我们在财产和金钱上都很吝啬，却不在乎浪费时间，这一点我们都应该是最严苛的守财奴。

> ——塞涅卡，《论生命的短暂》，3.1–2

> 并不是我们活的时间太短，而是我们浪费了很多时间。生命是足够长的，如果我们好好利用它，我们就有足够的时间去做许多伟大的事情。但当它被排入奢侈和忽视的下水道，当它被用在没有好结果的地方，我们最终会看到它在我们意识到它过去之前就已经过去了。所以，我们的生命并不是短暂的，而是我们自己把它缩短了。

> ——塞涅卡，《论生命的短暂》，1.3–4a

12月3日　我用这种哲学解决了哪些实际问题?

清晨反省

_____

_____

_____

夜晚反思

_____

_____

_____

12月4日　我真正拥有什么?

清晨反省

_____

_____

_____

夜晚反思

_____

_____

_____

12月5日 我能面对什么不愉快的想法，并利用我的优势？

清晨反省

_____

_____

_____

夜晚反思

_____

_____

_____

12月6日 当我还能活下去的时候，我还能做些什么呢？

清晨反省

_____

_____

_____

夜晚反思

_____

_____

_____

12月7日　我可以热爱命运之手的眷顾吗?

清晨反省

_____

_____

_____

_____

夜晚反思

。

_____

_____

_____

_____

12月8日　我有什么需要面对的感觉吗?

清晨反省

_____

_____

_____

_____

夜晚反思

_____

_____

_____

_____

12月9日　你说的还不够吗?

清晨反省

夜晚反思

保持节奏

马可·奥勒留一定知道，作为皇帝，他是伟大历史的一部分。作为一个哲学家，他也知道所有的人都是贯穿历史和自己生活节奏的一部分，他喜欢提醒自己不要失去节奏。当他的心漂流不定时，他会提醒自己：回到你的哲学上来。别让自己分心。事实上，他一直试图在回归。这种意识（prosoche，要特别注意）是他从阅读爱比克泰德著作学来的，爱比克泰德告诉学生，虽然人无完人，但是当我们开始下滑，偏离应有的目的地时，可以控制住自己。这周你能感觉到那种节奏吗？你能举出一些你真正感到被束缚的例子吗？

走过历史的长廊，无数的帝国和王国相继出现。你也能看到未来，因为它肯定会完全一样，无法脱离现在的节奏。无论我们经历了四十年还是十亿年，这都是一回事。还有什么可看的？

——马可·奥勒留，《沉思录》, 7.49

当情况似乎迫使你陷入完全的混乱时，你要迅速控制住自己。不要在不必要的节奏之外停留太久。如果你不断地回归节奏，你就能保持节奏。

——马可·奥勒留，《沉思录》, 6.11

一旦让你的注意力溜走一点儿，别指望只要你想，你随时都能把它拉回来，相反，要铭记一点，正因为今天的错误，随之而来的所有事才一定会更糟……有没有可能不犯错呢？门儿都没有，但可以做一个时刻努力避免错误的人。从不让注意力开小差，至少可以避免一些错误，我们必须愿意这么做。

——爱比克泰德，《谈话录》, 4.12.1；19

12月10日 你这么自在地花费时间，得到了什么回报?

清晨反省

_____

_____

_____

_____

夜晚反思

_____

_____

_____

12月11日 你活得有尊严和勇气吗?

清晨反省

_____

_____

_____

夜晚反思

_____

_____

_____

12月12日　不管有什么干扰，我能保持生活的节奏吗?

清晨反省

夜晚反思

12月13日　我能对上天赋予我的时间心存感激吗?

清晨反省

夜晚反思

12月14日　我的生命会证明些什么？

清晨反省

夜晚反思

12月15日　我今天会好一点吗？

清晨反省

夜晚反思

12月16日　我要做什么来树立我的自信?

清晨反省

夜晚反思

第 51 周

提出你的主张

我们喜欢收集伟大作家或可钦佩的领袖名言，它们常常成为我们人生道路上的箴言，为我们提供指导和保证。但是塞涅卡认为，真相并没有被垄断。我们每周都需要花一些时间和精力来形成自己的智慧，在学习、实践和训练的基础上提出自己的主张。这就是这本日记的意义所在。反思斯多葛学派哲学家们的智慧，并加入我们自己的智慧。塞涅卡敦促我们开拓自己的道路，承担责任并坚持自己的主张。好吧，让我们开始吧。让这几页反映出你从自己的经历中学到的真知灼见。让你从斯多葛学派那里获得的灵感创造出你自己的练习、提醒和观点。

因为一个老人，或者一个即将步入老年的人，只把知识记在笔记本里是可耻的。芝诺说过这些……你说呢？克里安西斯说过……你说呢？你会被别人的要求强迫多久？承担责任，坚持自己的主张——这是后人将铭记于心的东西。

——塞涅卡，《道德书简》, 33.7

"你不会步前任的后尘吗？"我肯定会走老路，但如果我找到一条更短更平坦的路，我会在那里开辟一条道路。开辟这些道路的人不是我们的主人，而是我们的向导。真相对每个人都是开放的，没有被垄断。

——塞涅卡，《道德书简》, 33.11

切莫勉强、自私、不尽职尽责，或反其道而行。切莫用华丽的言语过度装饰你的思想。切莫言行过多……要快乐，不要指望外界的帮助或指望别人帮你分担。一个人要自食其力，而非依赖他人。

——马可·奥勒留，《沉思录》, 3.5

12月17日　我到底了解自己多少？

清晨反省

夜晚反思

12月18日　我们的结局很清楚，但我的目的是什么？

清晨反省

夜晚反思

12月19日　我能专注于比我更重要的事情吗?

清晨反省

夜晚反思

12月20日　我到底害怕什么?

清晨反省

夜晚反思

12月21日 我怎样才能充分利用今天，并在其间践行我的生活？

清晨反省

_____

_____

_____

_____

夜晚反思

_____

_____

_____

12月22日 今天我会创造什么智慧？

清晨反省

_____

_____

_____

_____

夜晚反思

_____

_____

_____

_____

12月23日　如果我放松对生活的严格控制，会发生什么？

清晨反省

_____

_____

_____

_____

夜晚反思

_____

_____

_____

_____

_____

_____

_____

_____

_____

_____

_____

_____

把言语付诸行动

　　马可在他的日记上花了大量的时间，然而在他的文章中，我们发现他告诫自己把它们扔掉，永远不要读。为什么？因为他不想让它们成为逃避手头重要任务的借口。生活的艺术只有在我们努力成为一个好人的过程中才能找到。永远不要忘记这是这本练习册的初衷。它不是用美丽的思想写满每一页，而是激励你采取行动，正如塞涅卡所说，把言语变成行动。在这里，我们今年有一个完美的终点，记住斯多葛主义的最后提示：积极参与自救。

　　不要踌躇！你不太可能读你自己的笔记或古代历史的典籍，或你在年老时收集来欣赏的选集。为生活的目标而忙碌，抛开空洞的希望，如果你真的在乎自己的话，就要积极地去自救，并在力所能及的时候去做。

——马可·奥勒留，《沉思录》，3.14

　　在你生活的范围内，有证据证明，你从未在任何地方找到生活的艺术，无论是在逻辑上，还是在财富、名誉或任何放纵上。没有。那么，它在哪里呢？做人性所要求的事。一个人如何做到这一点？原则是欲望和行动的源泉。什么原则？那些与善恶有关的人，他们相信，对一个人来说，除了创造正义、自制、勇气和自由之外，没有什么好东西，除了摧毁这些东西之外，没有什么邪恶。

——马可·奥勒留，《沉思录》，8.1.(5)

　　所有哲学和阅读的学习都应该是为了过上幸福的生活……我们应该寻求戒律来帮助我们，高尚而勇敢的话语可以成为事实……我们应该以化言语为行动的方式学习它们。

——塞涅卡，《道德书简》，108.35

12月24日　我能不能少消费点，俭以养德？

清晨反省

_____

_____

_____

_____

夜晚反思

_____

_____

_____

_____

12月25日　我在哪里才能找到活力和平衡？

清晨反省

_____

_____

_____

_____

夜晚反思

_____

_____

_____

_____

12月26日　我在哪里浪费生命?

清晨反省

_____

_____

_____

_____

夜晚反思

_____

_____

_____

_____

12月27日　我的灵魂是否比我的身体更强壮?

清晨反省

_____

_____

_____

_____

夜晚反思

_____

_____

_____

_____

12月28日　100年后，谁会记得或被记得？

清晨反省

夜晚反思

12月29日　我要感谢什么？

清晨反省

夜晚反思

12月30日　我怎样才能在困难的情况下保持冷静?

清晨反省

_____

_____

_____

夜晚反思

_____

_____

_____

12月31日　我怎样才能把这些话语变成行动呢?

清晨反省

_____

_____

_____

夜晚反思

_____

_____

_____